天下雜誌
觀念領先

校田裡的生活課

的

直擊108課綱第一現場，

種菜玩出學習力×創造力×品格力

李佳芳——著

目錄 Contents

Part 1 〖現場篇〗
噹噹噹，校田開課了

Part 2 〖行動篇〗
造校田、用校田，好簡單！

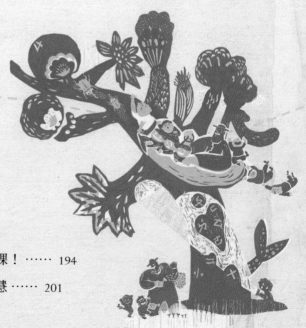

Part 3 〖反思篇〗
向校田學品格

等待花開，
重建人與自然、土地的倫理

作家、畫家 / 蔣勳

　　台灣好基金會的創辦人柯文昌先生說：「台灣的好要從鄉鎮做起。」這句簡單的話影響了很多人。

　　2014年秋天我參與了台灣好基金會的池上駐村計劃，住進一個人口大約八千人的農村，除了藝術駐村，真正學習到台灣鄉鎮尚未遺失的土地倫理和自然秩序。

　　在池上，春天插秧時，家家戶戶分擔土地勞動的工作。同時，到了秋收，也共同分享土地收穫時忙碌的喜悅。

一年四季，總是有農民朋友給我米，給我肚臍柑、木瓜、梅子，自己家醃的橄欖、菜脯，回家時，門口常有一把油菜，兩個絲瓜……這是數千年農業傳統的土地倫理，鄉鎮農村代代相傳。

工業革命後形成的大都市，從百萬快速暴增到千萬人口，密聚在一起的社群關係，卻又無比疏離冷漠。宅居在狹小空間裡，遠離了自然秩序，感覺不到春夏秋冬，感覺不到晨昏冷暖，感覺不到在土地裡、勞動中共同分擔辛勞與分享收穫的喜悅幸福。

台灣好基金會在池上十二年，必然認識到鄉鎮的好，奠基在自然與土地的信仰。

除了池上，基金會接著在苗栗、屏東，選擇了十四所小學，推動神農計劃，輔導師生，建立校田，共同勞動，一起收穫，重新在基礎教育裡扎根，讓下一代認識自然秩序，讓孩子們身體力行，體悟土地倫理的分擔與分享的意義。

城市的基礎教育幾乎全盤被考試主宰，越是都會名校，孩子越遠離自然、遠離土地，無奈地接受考試導向的不快樂也不健康的教育。

教育真正的目的是什麼？

我手上拿著神農計劃的小學生種植出來的菊花、洛神，各種不用化肥的健康的農產品，看到他們跟老師一起學習耘田，培土，育苗，在烈日下灌溉，等待植株抽長，等待綠葉，等待花開，等待結果。

神農計劃，從播種到收穫，每一階段都是教育，播種的，不只是植物，收穫的，也不只是果實，神農計劃，更大的意義是重建基礎教育裡人對自然秩序與土地倫理的信仰。

氣候變遷，空氣、土地、水源被污染，海洋生態被破壞，各處森林大火，疫病流傳……人類文明何去何從？

「神農」是古老的神話，我童年常去拜拜的保安宮還供奉著神農大帝，手中拿著一把稻穗。彷彿還提醒著人與自然和諧相處的神話時代的幸福。

神農的神話，還找得回來嗎？

神農時代的自然秩序與土地倫理，或許並不遙遠，如果台灣

的鄉鎮小學陸續出現了「小神農」，我們或許可以看到救贖自然與土地的希望就在眼前。

　　興隆國小，文峰國小，中興國小，烏眉國小，坪頂國小，新英國小，中和國小，五湖國小，九湖國小，同光國小，潮南國小，四林國小，潮東國小，南州國小，我一一唸出這名字，感謝這十四所神農學校的努力，每次手中拿著你們勞動的成果，都覺得感動，要深深向你們致敬。

　　寫於2020年春分前三日，全球新冠肺炎病毒蔓延中，
　　　　為眾生祈禱平安健康，尊重自然，尊重土地

〔推薦序〕

與大地共鳴，
開啟食·農·教育的對話

教育部前政務次長 / 范巽綠

　　孩子們越貼近土地，越能夠和自然對話，也是新課綱從生活中學習與動手做的最好的模式。食農教育是教育部要推動的食育裡最重要的一環。藉由孩子親近土地，重新與家鄉連結，傳承在地文化與族群文化。

　　台灣好基金會以民間力量推動「神農計劃」，在苗栗和屏東認養了十四所小學，為孩子們開闢一畝校田，用校田建立有機飲食、土地教育、家鄉認同的核心學習。七年過去，《校田裡的生

活課》記載十四所小學師生講不完的故事和成果，讓我們看到孩子穿梭校田務農的身影，還有收成那刻燦爛的笑容。食農教育讓他們了解人與自然之間的平衡共好，也和自己的故鄉與土地產生共鳴。

《校田裡的生活課》是一本好玩、實用、又開放的工具書。它讓有心推動食農教育、環境教育、創造力教育的學校及家庭，輕鬆建構符合自己需要的跨領域學習模式。這本書將帶給你更多不一樣的靈感和想像！

輕撫泥土的溫度，
不僅耕田，也為心志播種

學思達創始人／張輝誠

　　過去，會用「四體不勤，五穀不分」來嘲諷讀書人，其實拿來衡諸當代學生，似乎也適用。當代教育以知識灌輸為主，長期忽略學生與自然、土地、季節、天氣的有機連結，台灣好基金會在十四所小學開展的神農計劃，成果集結於此書，除讓學生親自體驗農事，更讓農事緊密結合各學科，變成主題、跨學科、素養教學，在體驗、觀察、勞作之中，更有效能地習得各種務實、具體可感、豐富多元的知識。

此外，我還認為，神農計劃影響下的學生，真實體會過將雙手插進泥土、雙腳踩入濕泥，全身沾滿土垢，渾然與土地親密無間，又真實經歷過烈日、雨水、陰涼或寒風，身體曾細緻感受天地性情變化時，將來就會對土地產生濃黏的親近感，同時也不會再無視於季節、寒暑變化而無動於衷；又真實體會過從土地中依照自我想望種出豐美果蔬，對生養、成熟、結果、收種的概念就不再只是抽象的理解而已。田間勞動、季節流轉、生發變化、感官覺察……，不可思議地會逐漸轉向學生的內心世界，很有可能，耕種不再只是耕種，而是為自我的心志耕種，那麼田園往往轉為心靈歸宿、成為心神的道場、更是靈魂的泊港。

　　《校田裡的生活課》就不單是生活課，更是心靈之課了。

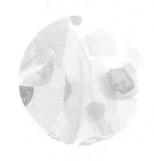

〔導讀〕

我在島嶼有個夢

—— 神農計劃的緣起與實踐 ——

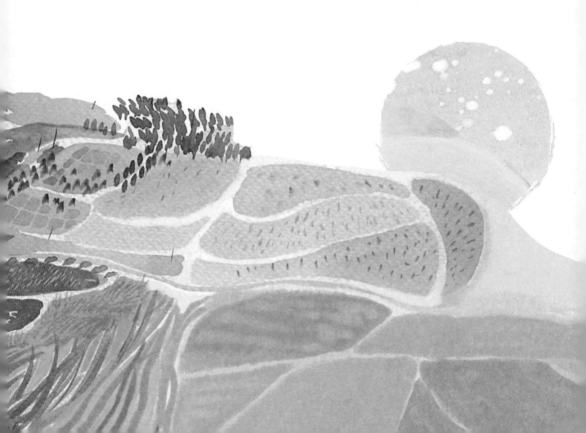

「當嘉南平原不再是綠油油的稻田，台灣還可以稱為美麗島嗎？」偶然讀到這句話，我著實嚇壞了。是啊，東一塊又西一塊土地的污染事件頻傳，我們的島嶼的確脆弱得可以，當你留給孩子一塊有毒的土地，又該怎麼說服孩子未來是充滿希望的？If you don't care about me, why should I care about myself？（如果你們都不在乎我了，我又何必在乎我自己。）

七年前，我的女兒因為身體出了狀況開始學習飲食療法，持之有恆一段時間之後，我發現她的健康有明顯的進步。她告訴我說，因為她只吃「SOUL FOOD」。當下我很好奇，究竟什麼才是有靈魂（SOUL）的食物？原來，此SOUL非彼SOUL，指的不是靈魂，而是Seasonal（當季）、Organic（有機）、Unprocessed（無加工）、Local（當地）的縮寫，而這四大要素中最重要的是有機，我恍然大悟：原來土地就是最大的救贖。

成立台灣好基金會以來，同仁們在台東縣池上鄉工作多年，接觸到了有機的觀念。台灣在發展有機的路上，常遇到許多負面的聲音。他們常說台灣地小人稠，沒有足夠土地可以隔離污染，

不可能發展真正的有機，但我卻認為不是這樣的。台灣是以農立國的島嶼，有四面環海的天然屏障，全世界再也沒有一個地方比這裡更具發展有機的優勢了。我想像著把台灣改變成一座「有機島」，這想法聽來很天真，做起來也很困難，但並非完全不可能，如果能從有機教育、有機生活、有機耕作、有機思維，把有機完全內化成不假思索的行為，一定可以實現這個夢想。而這也是台灣好基金會從池上來到台灣西部，展開神農計劃的初衷。

尋找珍視土地的同路人

從認養三所學校，為孩子們開闢校田，同時將營養午餐的蔬食改為有機蔬菜，台灣好基金會在迴鄉有機生活農場的協助下，開始了神農計劃，尋找願意擁抱神農計劃的學校。那段日子裡，我走進學校懇談，從校長到廚房職員，尋找願意相信的人。我想要招募發自內心重視土地的教育者，希望他們把最棒、最珍惜的土地拿來種植，開闢校田，而不是選校園內「沒路用」的土地來做表面功夫。因為孩子的眼睛是雪亮的，唯有老師們真心認同，

投入愛，才能讓孩子們相信神農計劃是認真的。

　　我始終認為孩子擁有無限的可能。幾次到學校吃營養午餐，發現神農計劃所帶來的影響，例如讓一向討厭吃青菜的孩子不再剩菜一堆，而醫務室的報告也顯示孩子的健康改善了。但最令我感到開心的，是孩子們真正踩在泥土裡。我相信，他們長大以後，無論到了哪裡，始終都不會忘記這塊土地，那是他的心田，也是情感的依歸。有朝一日當他們有了成就，也會把愛護環境當成他們的終身志業。

　　只要小孩不放棄信念，有天他會變成大人，將信念付諸行動，家鄉就會改變。

集微塵之力啟動奇蹟

　　回想台灣好基金會初到池上，當我們告訴池上人他們的家鄉有多美時，他們絲毫不相信。十二年後，沒有人不同意，池上美到無法被忽視，成為了人人稱羨的典範。同樣地，台灣好基金會陪伴了十四所小學，數量雖然不是很多，卻都做得徹徹底底，朝

向食農教育典範的目標前進。

七年了，十四所小學的師生因為神農計劃展開了校田上的自我學習與知識探索之旅；農老師們則是傾囊相授，陪孩子們度過春夏秋冬；創新教育的青年團隊活潑、多變的教學型態，激盪學校老師的教學熱情；還有家長與社區的鄉親走進學校，成為神農計劃最有力的支柱。

一步一腳印的背後，是和我們一樣相信「改變的力量」的企業界友人們，包括聯發科技教育基金會蔡明介董事長、京元電子李金恭董事長、達航科技創辦人黃立達先生及翁榮隨董事長、信邦電子王紹新董事長、互動國際鄭炎為董事長、貿聯集團梁華哲董事長、及1881台灣職業女性聯誼會、三商美邦人壽、東博資本、光洋應材等企業與民間團體，因為他們的參與，讓神農計劃被更多人看見。

我曉得這種子已經種下去，接下來就是大家要一起完成的事了。各位朋友們，如果你想要家鄉成為一個人人羨慕的地方，就回到故鄉母校去啟動神農計劃吧。這是集微塵之力才可能發生的

奇蹟，只有靠大家一個拉一個，才能把相信化為力量。

　　這十年來，我是台灣好基金會的最大受益者，我用校田養我的心靈，真心的感動與快樂的收穫，陪伴我歷經人生最艱難的時刻。這本書集合了一群傻子的夢想，因為相信孩子的潛力，而自願當一名奉獻者。

　　在夢想的路上，不問終點有多遠，不問時間多漫長，實現台灣成為有機島，哪怕是五十年、一百年或是三百年，我都會堅持地走下去。

神農計劃創始人
台灣好基金會董事長

柯文昌

報告！
我在校田撿到寶

初冬時節南台灣的一所小學，下課鐘聲悠然響起，孩子們一個個從教室興奮跑出。他們的目標不是溜滑梯、也不是盪鞦韆，而是那戮耕耘整學期的校田，因為好吃又好玩的「校田課」，就要開始上課囉！

　　數十株挺拔的玉米已結實飽滿，孩子們等待了一學期，終於等到期盼已久的採收日。只見小小身影穿梭在玉米林，仔細又認真地用眼睛觀察、用手觸摸著，分辨包裹在綠葉的玉米是否成熟。當孩子摘下心中理想的那一根玉米，各個迫不及待地剝開、立刻大咬一口，「好甜喔！」如此天然純淨的食物，贏得孩子無比滿足的讚嘆，那不是速食、也不是糖果，而是土地回饋給大家的禮物。

　　孩子臉上綻放的純真笑顏，傳達出他們對土地的真心熱愛，那顆赤誠之心也是傳統教育很難教的「無形素養」。他們用實際行動告訴著人們，在這塊土地上有一種不同以往的深化教育模式，正在台灣小規模萌芽，悄然翻轉教育。

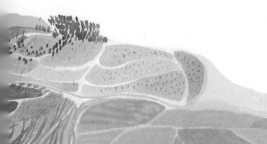

 原來教育可以這樣玩

　　時間回溯到2013年的〈池上秋收稻穗藝術節〉，在台灣好基金會的策劃下，稻浪翻飛的台東縣池上鄉，化身為表演舞台，馳名國際的雲門舞集四十年來將首次在田裡演出。前來當志工的池上國中學生，穿梭在稻田把一列一列的椅子排好。那時負責舞台總監的雲門舞集創辦人林懷民，對著這群來當志工的孩子們說，「就算是在最偏遠的農村，也不要放下國家劇院的規格。」

　　孩子們頓時明白，在這場活動當中，自己也是身負重任的一分子。一反既往，孩子向專業學習，嚴謹而仔細地完成被交付的工作，他們所表現出來的認真精神，也渲染了老師與家長。漸漸地，就連大人們也對池上產生一種「很特別」的感覺……。

　　當人們對家鄉認同談了許久，終於發現答案就近在眼前。「孩子就是最有力的影響者。」台灣好基金會執行長李應平回憶：「當孩子認同了，家長就會認同；而家長認同了，社區也就認同了。」這一瞬間的體悟，不僅讓神農計劃建構完整的核心目

標，也確定了專業導入，用「生活取代體驗」的學習方式。

有別於一般食農或食育教育聚焦在種與吃，以「有機飲食、土地教育、家鄉認同」鐵三角概念架構而成的神農計劃，就朝向以「自發」、「互動」、「共好」為理念的十二年國民教育新課綱（又稱108課綱）的大樹目標，展開一場史無前例的教育翻轉運動。

這場於2013年發起的運動，從苗栗起步，跳躍到屏東，跨越兩百多公里的距離，歷時超過兩千五百多個日子，台灣好基金會邀請十四所小學加入「神農小學」的行列，展開滾動式學習，告訴人們原來教育可以這樣玩！

校田第一鋤：鬆開僵化的學習慣性

台灣好基金會發起神農計劃的初始，遇到的第一個「高牆」就是老師與家長的排斥。家長說：「我們家就在種田了，為何孩子要到學校種田？」老師則說：「我不會種田，如果小孩三分鐘熱度，誰去接手種田？」對他們而言，食農教育是口號，高度重

複的體驗活動又令人疲乏。

「校田不只是食農教育，而是要建構有系統的全方位學習。」台灣好基金會執行長李應平七年前向老師們解釋理念，仍然沒有得到太大的回應。確實，要把食農教育的概念加進教育系統，本身就有專業技術的難度，學生不見得種得出成果，老師又要額外增加工作，教學能量嚴重耗損，許多老師聽到校長想推計劃，立刻心生排斥。

但要觸動學生，必須得先觸動老師。李應平面對一群帶著各種疑慮的教育者，她左思右想之下，向老師們提了這樣一個問題：「請問各位怎麼教民主？已逝『現代四大史學家』之一的錢穆先生有言：『民主政治，重在精神，不重在格式。』然而，精神沒有公式、無法寫板書，那精神該怎麼教？」

李應平接著跟老師舉例，在決定校田的特色作物時，是交給老師或校長決定的「寡頭政治」，還是交給孩子投票表決的「民主政治」？她再問，民主政治是怎麼推舉出候選者，是否也要先做點功課，才有辦法「提名」？當大家提出心屬的作物，怎麼分

析、比較優缺點做出決策呢？校田作物從提名到投票的過程，不正是民主選舉的決策過程嗎？「校田連民主都可以教。」老師們經李應平一提醒，眼睛一亮，頓時理解了：原來校田可以有這麼開展性的連結！

「許多人都忘了，在揮汗勞動的外表下，農夫其實是個科學職業。」李應平解釋，每一種作物的栽種，都有專業的知識系統支撐，現代的農業更是集合高科學應用的產業，只要打破對農業的刻板印象，建立新的農業認知，校田就會是最有趣、最多變、最有可能性，也最有跨領域整合性的教學平台。

校田的第一鋤，就在打破慣性。「不管是老師的慣性、學生的慣性、家長的慣性，甚至是學習的慣性，都是我們想打破的。」李應平說。藉由校田，所有位在教育現場的成員，都有機會鬆開僵化的學習制度，開始接受和創造新的挑戰與嘗試。

校田第二鋤：攪動教育者的滿腔熱血

借力使力，才能減少萬事起頭難的困擾。為了讓「非典型教

育模式」與「學校教育模式」產生激盪，台灣好基金會在不增加老師的負擔之下，找來具有知識與實務背景的專業農夫來當老師，同時也引介理念相同的外部團隊進到學校，台灣好基金會為學校老師找好支持系統，一起展開一場又一場的實驗教育。

從「舞春食農工作室」的昆蟲課與野草學、「老家生活藝文空間」的藝術教育、「穿龍老屋豆腐坊」的飲食文化課，到「城市方舟工作室」用獨居蜂旅館舉證顛覆教育，台灣好基金會順著校田農事，協助參與計劃的十四所學校逐步建構出有知識含量的教學內容。

深知學校老師課務與行政事務的繁忙與壓力，也了解創新教育需要時間，台灣好基金會放手讓學校自訂時程，沒有KPI（關鍵績效指標），也不需交報告，讓老師們自己檢測神農計劃的永續性。基金會的同仁在陪伴學校的過程裡，真切地看到老師的轉變：從站在田邊看，到蹲在小孩身邊看，慢慢也參與田事，到最後甚至玩得比孩子還起勁，開闢了老師自己的專屬田；還有老師說，自己的床頭書現在都換成了農事書。

來到苗栗縣銅鑼鄉的中興國小，自小生長在務農家庭的「阿道老師」劉傳道，原本是對神農計劃最持觀望態度的成員，但當他看見鄉下孩子漸漸失去優勢，而開始理解傳承客家文化的重要。如今他成為計劃的護航者，還自願帶領孩子到福菜工廠踩酸菜。另外，在苗栗通霄鎮烏眉國小的教育現場，曾經被神農計劃嚇到不知所措的邱雅慧老師，如今卻成了一位熱血老師。如同其他老師曾帶著懷疑與恐慌，邱雅慧老師也曾說：「我既不認識昆蟲，也不認識植物，到底可以怎麼教？」

但在外部團隊昆蟲老師蘇立中的啟蒙之下，邱雅慧老師首度用生態圈的角度看校田，發現裡面藏了許多意想不到的數學與科學。為了不被孩子考倒，她帶著相機，拍下一張一張記錄校園上百種植物的照片，學習辨識校園昆蟲，「現在我走過校園，細數每一棵樹，植物認識我、我也認識植物，」她欣喜地分享。

當校田活化了教學，上課不再是坐在教室照本宣科，而是走入校園裡俯拾皆是知識。打開梔子花的果莢，裡頭藏著數學觀念；學用毬果堆聖誕樹，練習平衡與美感；當課堂上出現一聲又

一聲驚訝的「哇」，孩子無止盡的好奇推動著老師，老師怎麼會停止熱血呢？

校田第三鋤：開展根系，連結社區與家庭

點燃火苗，煙花自然熱烈綻放。透過神農計劃，108課綱以學生為主體的願景，得以發揮。

校田對於特殊情況的孩子也具有「開啟」功能，一些課業表現並不特別好的孩子，在農事工作裡，卻可以成為某方面的專家：有的很懂澆水、有的很會抓蟲、有的很會做料理……，這些孩子越來越有自信，掙脫了以往只有考取優秀的課業成績才能獲得自信的單一價值。

有的孩子被昆蟲啟發了學習動力，為了懂得更多知識而自動擁抱閱讀；甚至有的孩子在昆蟲老師的激勵下，為了將來可以讀懂國外文獻，終於不再抗拒學習英文。還有患有自閉症或過動症的孩子，因為農事課紓解了壓力，終於打開心房發出蜜蜂般的小聲音，主動向老師與同學提問。孩子在田裡養出學習動機和自

信，他們發現自己的潛能，也為自己創造了價值。

　　銅鑼鄉文峰國小甚至把能量擴散到社區，找到「地主農」來當陪伴者；而保健室裡的護理師也被激發成了斜槓，當起孩子們口中的「田老師」。於是全校師生與校田產生很強的連結，最後衍伸出自己的食農教育系統，並展開以「洛神花學」為主題的科展作業，獲得了苗栗縣科展第二名！當小鄉小鎮找到屬於他們的自信與優勢，鄉村與城市的落差，瞬間就被拉近了。

　　至於銅鑼鄉興隆國小的午休時間，孩子們捨不得休息都跑到了花園，照料自己認養的草莓，一會兒查看泥土濕度，一會兒把盆子搬到太陽下。

　　校田也讓親子之間有更多的互動。在屏東縣潮南國小，孩子們為準備全校料理大賽，帶著迷迭香作業回家，與家人討論、研究作物。因為校田，孩子與家中的阿公阿嬤有了話題，彼此關係變得緊密，化解了隔代教養的問題。而當孩子把友善耕作的觀念帶回家，用自己種的菜改變餐桌上的飲食，不正是一點一滴種下了「有機島」的理想嗎？

誠如烏眉國小的邱雅慧老師所說：「當你在乎的時候，（熱情）那個東西就會一直出來，就像湧泉一樣！」校田的功能不只在耕作，而是可以結合科學教育、語文教育、美感教育等，讓孩子愛上在學校種田，愛上一起分享的感覺。他們在學習，卻異口同聲說：「校田好好玩！」

 校田第四鋤：培育翻轉城鄉的特色之果

走進參與神農計劃的小學，不約而同發現，許多小學有著不小的校舍與校地，但師生人口卻已縮減，剩下不到百人。校園裡遊樂設施不多，且大部分都有點歷史，顯示學校長久面臨資源不足。在市區磁吸效應與人口外移、少子化的多重衝擊下，即使不是位處深山，有的平地小學也面臨學生流失的困境，校園直接反應了當地社區的興衰，「偏鄉」的定義不再只是距離遠近。

許多小學校為了存續，努力朝「特色小學」轉型。然而縱使校長與主任們想破腦袋，結果往往都是在重複的選擇之間討論。學校如何創造差異化？並非選了某樣樂器來發展就行，而是必須

先釐清自身的優勢與不足，才有辦法創造獨家特色。台灣好基金會以神農計劃幫助學校盤點資源，在過程中給予提醒，適時伸手協助，導引合適的方向。當學校可以放手玩，特色也就渾然天成地展現出來。

經過七年的實驗，儘管每所學校的條件不同，土地環境不同、人的組合不同、社區資源不同，但卻可以發展出各自的樣態，台灣好基金會確認了神農計劃可以適用百體。「台灣好基金會的工作其實是組建神農計劃的想像，告訴大家放手去玩、放手去試，」執行長李應平說，「校田就是把想像力放進去，讓學校開始去創造。」

首屆從一年級實行神農計劃的孩子，即將從苗栗市新英國小畢業時，這群孩子結合課堂所學的知識與技巧，為學校老師準備了四十五份謝師宴下午茶，有餅乾、烤布蕾、愛玉冰、水果切盤等等，每道點心都是小朋友利用放學時間，集合在同學家討論試做完成的。就連畢業旅行，孩子們也是在有限的預算內，自己決定地點、查資料、找交通、一點一滴規劃出來。

導師沈繡雯看著他們從第一年種下第一畝田，採收第一季蔬菜，到六年後第一次用悠遊卡出遊，孩子展現出的融洽與合作精神，與最初的樣子截然不同。「雖然是搭最慢的電車，但一路笑著去又笑著回來，令人難忘。」她欣慰地說。

　　如果教育是一趟火車旅行，我們要領著孩子看到什麼樣的風景？是選擇快快直達，卻錯過所有風光？還是選擇放慢速度，讓這一路永生難忘？當神農的孩子們喊著，「真想再慢一年畢業！」這樣的教育成果，無須多做簡報，一眼就懂。答案已昭然若揭。

Part 1

〔現場篇〕

噹噹噹，
校田開課了

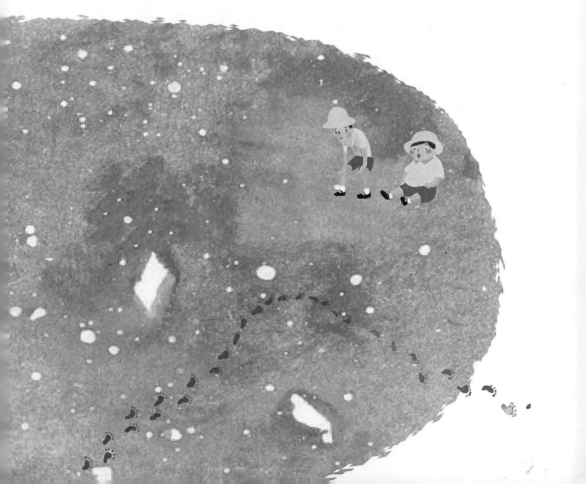

校田裡的生活課

（自然課）

野草、野蟲、野孩子，
我的寶可夢在田野間翻滾！

　　談到校田，許多人直覺聯想到種植與收成，而從這個觀點所投射出來的，也正是多數人看待環境的方式。然而，受台灣好基金會委託、協助各學校延伸自然課教學的舞春食農工作室創辦人蘇立中，以台灣大學昆蟲研究所的專業知識背景，打破站在直接利益者的角度，指出傳統自然課最根本的核心問題：人為什麼要上自然課？自然課的最終目的是什麼？

昆蟲視角放大校田領域

　　人與大自然共存、尊重大自然的觀念，必須從小扎根。「站

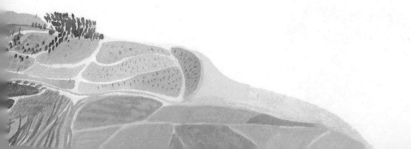

在自給自足的生態循環系統裡，人只是環境的一部分。」在昆蟲老師蘇立中的自然課裡，他如此強調。校田的功能不只是種植，他要帶領小朋友用全觀的角度看待校田，把校田的功能擴充開來，成為環境教育的第一現場。

何謂環境教育？蘇立中表示，環境教育主要在把「以人為本」的思維深化到「以生態為本」的思維，「當人們真正意識到自己也是大自然一分子的時候，才會懂得去包容其他生物，就好比說當你會站在昆蟲或是蜜蜂的角度去思考時，就不會想要用濫墾、盜獵、挖砂石等去摧毀牠們的家。」

反思以往傳統的課堂教學，自然課裡沒有自然，孩子只能仰賴文字敘述。缺乏真正的體悟，怎麼會愛上自然？更遑論養成生態道德觀。「只有喜歡這塊土地、愛這塊土地，才會想去保護這塊土地！」蘇立中疾呼。

於是，他帶著孩子走出教室，到大自然裡上課，全景象式的豐富認知，同時也打開了孩子的眼界。掘開土壤，發現抱著泥被子打滾的蚯蚓；翻開葉片，肥毛蟲抓著嫩葉開心大啖；望向空

中，蝴蝶翩然降臨在花朵上……，映入眼簾的，一一都是鮮活的生命脈動。「校田不只是菜田，而是自然科老師的舞台，」蘇立中說。飛天遁地無所不在的昆蟲，吸引著人的視角鑽到泥土裡、也飛到天空去，把校田從一張平面放大成了一座立方體。

動植物就是你的老師

適齡學習，大自然提供豐富的資源。在低年級，校田自然課以引發興趣為主，著重於感官體驗，減少知識負擔。小朋友透過味覺品嘗、香氣嗅聞、植物遊戲、校園採集等，預習各種植物構造的特徵，認識田間到校園的多樣性植物，並且親手繪製出「校園植物地圖」。到了中年級，依著校田耕作的四個時期（荒地、養地、種植、收成）展開昆蟲調查，理解不同昆蟲與環境的關係、各自扮演何種角色，並利用校園植物地圖展開「校園寶可夢」的抓寶活動。

透過兩個學年的累積，自然課從植物觀點連結到昆蟲觀點，而孩子也認識蜂的授粉者角色，學習蜂類生物的基礎知識，為高

年級「獨居蜂旅館」的顛覆教育（見45頁）暖身。

　　高年級的自然課走向議題討論與綜合表現，孩子們利用校田灌溉系統研究水循環、透過有機農法理解環保觀念、記錄獨居蜂的一生、觀察校田食物鏈等，這些都是極佳的科展主題，也是美術教育的最棒題材。

　　經過昆蟲課的啟發，位在養殖漁業區的屏東縣潮南國小，因為發現校園裡常有許多鳥類棲息，而自行發展出獨創的鳥類課程。一年級的鳥類圖鑑教學，教孩子從外型分辨白鷺鷥、麻雀、斑鳩、綠繡眼、紅嘴黑鵯等地方鳥類。二年級介紹山鳥與水鳥的分布，了解不同鳥類的棲地與習性。三年級則學習聽音辨鳥，介紹鳥的嘴型與聲音的關係，以及狩獵或採食的不同。到了四年級的賞鳥達人課，從認識賞鳥裝備、賞鳥大賽規則，到學習操作望遠鏡，並在校內舉辦趣味賞鳥競賽，驗收孩子的學習成果。五年級課程則結合戲劇演出，主題為鳥類保育議題，孩子必須分組討論、搜集資料、完成劇本並排演，練習把知識轉化為不同形式。

復育野草就是復育文化

　　站在自然教育的觀點，蘇立中認為未來校田可更具地方性，甚至可以加入民俗植物或原生植物的選項，打造成為「一半草一半菜」的實驗田。

　　像是三峽染料植物大菁與薯榔，可以延伸講述土地的歷史、色彩學、工藝學等；台灣傳統藥用植物的艾草、香茅、菖蒲，可以延伸講述神話傳說、節慶活動、民間飲食、中藥房文化等；甚至也可為雜草開一堂野草課，認識大花咸豐草、野莧菜、菁芳草或昭和草、龍葵等比較常民的野菜，也可以透過讓小朋友實作野草飯糰或野菜手捲的品嘗課，讓他們打開心胸接納各種很有個性的氣味與滋味。

翻轉失敗的校田科展

實驗學校 苗栗縣銅鑼鄉文峰國小

編課心法 1. 尋求專家指導實驗方法

2. 利用校外研究單位資源擴大學習領域

3. 學會從問題中檢討失敗

　　文峰國小擁有的校田面積不小,在台灣好基金會神農計劃顧問吳美貌老師的建議下,決定選擇適合粗放種植的洛神作為特色作物(在單位面積投入較低勞力與資本的農業經營方式)。種植邁入第五年,文峰國小的自然課圍繞著洛神的校田主題展開。從土壤到田間與山邊的生物觀察,田間耕作結合科學方法進行實驗,內容完全出自孩子雙眼所覺所察,最終化為一份精彩的科普報告,一舉奪下苗栗縣的科展名次,成為校田自然課的典範。

　　文峰國小的校田自然課,第一年探索泥土裡的昆蟲,觀察田間棲息的昆蟲種類,並學會用陷阱活捉昆蟲,用昆蟲箱仔細觀察後放生。同時,將校田規劃為施灑有機肥料的實驗組與施灑化學

肥料的對照組，仔細落實生物觀察筆記，利用生物鑑定網站辨識捕捉到的昆蟲，最後將成果整理成詳盡的食物網，對比出不同施肥方法對於昆蟲的影響。

　　第二年，在老師的帶領下，孩子的觀察觸角延伸到學校後山，同樣從土壤著手調查生物。而校田研究則進一步以「雜草」為主題，觀察草生栽培、雜草叢生、手拔雜草等三種不同的田間管理模式，會如何影響昆蟲的活動。沒想到，過了一個暑假，孩子回到學校，發現每一種研究成果都枯死了！

　　但這個意外的挫折並未終止孩子的探索，反而激發他們展開「究竟為何洛神會死掉」的新篇章。在老師的引導下，文峰國小與中興大學植物病理學研究所、苗栗區農業改良場合作。孩子們把病株取樣送往實驗室，了解取樣培菌、分離純化菌株、復育菌株的微生物研究方法，在學校用培養土栽培二十株洛神，並植入菌株進行對照實驗，探索菌株與致病的關係，希望可以解密洛神之死。

　　在這堂寶貴的洛神花自然課，孩子們實際參與完整的實驗規劃，面對突如其來的挫折，在解決問題的過程中，意外學到了更多科學知識，也發現遭遇困難不見得就是壞事，無形中翻轉了對「失敗」的既有認知，培育出面對問題的正向態度。

從獨居蜂旅館養成顛覆力

實驗學校 屏東縣四林國小、潮南國小、南州國小、潮東國小

編課心法 1. 用食物誘發學習動力

2. 知識傳授與田野實作交叉並行

3. 用問答與討論訓練孩子找答案

　　校田鼓勵友善種植，但究竟該怎麼評測「友善」？台灣好基金會媒合「城市方舟工作室」，利用對環境敏感的蜂類，在校園建置「獨居蜂旅館」作為生態監測站。橫跨中年級與高年級的獨居蜂*課程，延續低年級學到的生態觀察，在中年級加入蜜蜂授粉的知識，進而為高年級孩子的人生首場「顛覆教育」暖身。

　　第一階段的蜂類生物課，老師以小朋友最常聽過的社會性蜂類──蜜蜂切入，從品嘗蜂蜜開始認識蜜蜂，正適合處在味覺轉化期的中年級學生。孩子們展開視覺、聽覺、嗅覺、味覺和觸覺

＊獨居蜂與多數人熟知的社會性蜂類──蜜蜂、虎頭蜂不一樣，獨居蜂不會在巨大的巢室中一起生活，而是由獨居蜂媽媽獨自準備好食物，並放進小小的竹管、樹洞或地道之中，讓寶寶孵化後可以吃著媽媽準備好的食物長大。

的五感探索，用身體去記憶「真蜂蜜」的滋味，延伸到「調和蜜」的食用香精、香料議題。他們帶著學習單走出教室，記錄分布在校田周遭的蜜蜂數量，找出蜜蜂蹤跡與蜜源植物的關聯，並且透過在校園放置餵食器，進行定時觀察，從蜜蜂跳舞解密生物的社會性。

這一系列課程中，同時也結合自然課本「花的構造」單元，在「哪些花是蜜蜂喜歡的，哪些花是蜜蜂不喜歡的？」提問中，進階探索花朵構造、昆蟲器官與採食習性的關聯。

進入高年級之後，老師顛覆小朋友的刻板印象，提出在蜜蜂與虎頭蜂之外，還有離群索居的「獨居蜂」，默默扮演著城市授粉者的角色。在老師帶領之下，小朋友在校舍縫隙、花圃土壤、枯枝爛木裡，發現隱居的獨居蜂，理解獨居蜂的生活習慣，學習與蜂共存的正確方式。接著，小朋友學習用學校現有素材，設計適合獨居蜂棲息的旅館。只見在獨居蜂旅館課堂上，孩子活用所學知識，在校園裡找出適合放置旅館的定點，然後從獨居蜂的入住狀況，分析環境、找出問題、排除障礙，校田於是成了討論環境政策的微縮現場。

獨居蜂的主題學習方式，打破傳統教室授課的模式，各年級

小朋友所學內容不同，老師鼓勵他們在互動中交換知識。最終的測試，也突破傳統測驗，以結合美術課的創作方法，由老師指定素材（例如美感色系的蠟筆、手撕紙、枯枝落葉等），讓小朋友把過去一整年的學習開發為繪本，換個形式讓他們自主回顧上課內容，成為沒有考卷與標準答案的另類測驗。

自然教學現場三

大受歡迎的昆蟲寶可夢

實驗學校〉 屏東縣潮州鎮潮南國小
編課心法〉 善用「嘎嘎昆蟲網」（gaga.biodiv.tw）

「認識大自然要從觀察開始」這句話聽來理所當然，但在受教育過程，卻往往事與願違。回顧從小到大的自然課，我們往往都是從書本或影片「看」自然；嚴格說來，那僅僅只是「知道」

自然，而非真正的「認識」自然。

　　來到潮南國小的校田，有機菜圃上可見粉蝶紛飛，各種鳥囀經常傳入耳際，有機耕作下的平衡生態系統，成了訓練孩子觀察力的活教材。在昆蟲老師的帶領下，孩子從校田土壤展開調查，學會探索土地生命力，以陷阱調查的科學方法，採集土壤中的生物，翻轉觀察土壤的視角。

　　藉著昆蟲箱的近距離觀察，孩子看到的昆蟲不再是一張張安靜的圖片，而是全方位立體的活動樣貌，更能理解生物構造與習性的關係，在老師引導下得以繪製出屬於自己的生物筆記。

　　為了誘發小朋友的學習動力，昆蟲老師也提出「校田寶可夢」的構想，事先自製校園生物圖鑑，讓孩子帶著在校園裡探勘物種。長達一整個學期的「抓寶」活動，養成孩子日復一日細察自然的習慣，漸漸與大自然變成了好朋友。

\ 1-2 /

〔數學課〕

種子當教材，昆蟲當老師，一畝田裡藏了好多數學！

　　長久以來，「農夫」這門職業一直被誤會，以為種田就是單純的勞力工作，殊不知在農業的背後也有著非常「科學」的一面。參與校田計劃的學校打從開田的那刻起，為了改善校田土壤的體質，必須借重農業改良場專家們的協助，了解如何在校園採集土壤，檢驗土壤的成分比例、酸鹼中和、土質特性等；接著又要規劃適合栽種的面積、估算作物數量……。小小田地延伸出各式各樣的討論，可見農業從來不只是單純的種植，而是集合不同領域知識的大寶庫。

究竟一畝田裡藏著多少數學命題？田區面積設計、作物數量計算、生產成本控管、事先預估產量，這些都是當一名農夫所要認知的最基本面。更遑論進入收成期後，農作物銷售問題更是一門商務數學，舉凡鮮果市場的價格機制、食品開發到定價策略等，每個計算的背後都牽涉到一個又一個的討論。

　　一畝田的數學學習，從基本的打田（整地）與秧苗開始。用不同的單位去繪測校田的長、寬、面積等，是幾支掃把的長度、幾雙鞋子的寬度或幾張報紙的面積。學會用不同方法分析校田空間，認知最基本的數字觀念後，接著慢慢擴大應用範圍，無論是倍數、比例、時鐘、圓周率、百分比等，都是校田實務可遇到的數學。

　　尤其，在施灑液態有機肥，或把收成的作物熬煮成果醬時，孩子們還要學會看懂肥料說明手冊或食譜上的比例表，從單一材料推算出其他材料的數量，或是從欲得到的總數量去計算各個材料所需分量。這些校田實作的活動，幫助孩子把課堂上的數學公式漸漸融會貫通，自然而然應用在生活上。

正向感染的學習動力

在苗栗縣中興國小任教期間，參與了神農計劃的張文棋主任（現任職台中三和國小），認為神農計劃並非只是玩，而是驗證了教育界所謂「學習遷移理論」，由興趣科目帶動孩子對不感興趣的科目產生學習動力。從校田切入教學，發揮成效，甚至連最令老師與孩子傷透腦筋的數學課，也能夠降低孩子的抗拒心理、提升老師的教學熱忱，發揮正向作用。

透過校田連結生活經驗，數學也能很有想像力，引發孩子們充滿驚訝的「哇！」

稻田裡的數學課

實驗學校	苗栗縣銅鑼鄉中興國小
編課心法	1. 善用Google雲端硬碟與雲端表單建立共享的課程資料夾
	2. 學生自己出考題,逆向檢視學習成果

　　中興國小位在苗栗縣銅鑼鄉,校園腹地廣大。鄰近農田大多種植水稻與芋頭,因此校方選擇水稻為校田的特色作物,在月亮型的田地裡,採行水稻與黃豆輪流耕種;而老師也依照春耕、夏耘、秋收、冬藏的歲時節氣,應用資訊媒材及行動載具完成「稻田數學」的教學活動設計模組(可在Google搜尋Jungshing I-Farm)。

　　孩子們書寫稻田筆記,在校田裡實地測量稻田的長寬、縱列、橫列,以及用秧苗練習數數;記錄灌溉水量、生長高度,真實感受公尺、公分、公升、毫升的單位概念;再進階運用乘法來計算秧苗的總數、計算田地面積。到了高年級,甚至以校田為基準,練習繪製比例尺圖示。孩子用真實接觸的事物來理解數學,

漸漸不再嚷嚷著「數學好難又沒用」，反而發現數學是一門每天都要用到的學問。

中興國小的老師除了把數學教學融入校田，也巧用校田來進行評量，設計「出題擂台」的學習單，讓孩子應用課本所學習到的百分比、圓形圖、四捨五入法等概念，代入親自記錄的灌溉水量統計表，自己設計期中考題、算出正確答案，就有機會被選入當期考卷的考題，成為出題小老師。

中興國小的師生也發揮「種在地」的理念，從一畝田無盡延伸，將收成的稻米用於米食料理活動，也把採收的黃豆製成中興醬油，這些產品成為校慶活動最搶手的伴手禮。一堂好吃、好玩、又好學的校田課，讓孩子在無形中收穫了滿滿的知識。

一瓶香料罐的商務數學

實驗學校	苗栗縣通霄鎮坪頂國小
編課心法	1. 刺激孩子開發農產品的想像力
	2. 實務展開課堂討論

　　坪頂國小選擇香草為特色作物，並發想出香料罐、紫蘇茶掛耳包的創新產品。由三年級孩子組成的小型生產線，從採收、曬乾、裝填到操作封口機，所有流程都是孩子親自完成。在達成共同目標的團隊合作當中，雖然也發生過大小爭執，卻是孩子們練習溝通、學習管理、自我約束的最佳機會。

　　在發想產品的過程中，老師結合時事教學，讓孩子理解農業背後的商務面，從生產經驗去認識成本、農損、市場的關係。小朋友在親身參與的過程，接觸到包裝、填充、貼標籤等工作，學習計算瓶子、貼紙、資材的有形成本，以及勞力與時間的無形成本，進而推算出適當的商品售價。

　　在老師引導下，孩子走進賣場裡實地觀察，發現在各式各樣充滿吸引力的商品背後，有著不同的市場行銷手法，接著把買一送一或是合購降價的方式，運用在校田商品的銷售。透過親身參與，發現「生活中的數學」不是單純的「1＋1」，而是各種決策交錯的變化題。

種子樹葉都是最佳數學教材

實驗學校 ▷ 苗栗縣通霄鎮烏眉國小

苗栗縣烏眉國小的校田是學校後山坡地上果樹園旁的菜圃，孩子們在昆蟲老師的帶領下，從植物到昆蟲的觀察記錄著手，把學習動力漸漸渲染到不同課堂，語文課結合科普閱讀，美術課結合自然寫生，甚至數學課也可以把種子、樹葉當成教材。

在老師的巧思下，孩子們在校園散步的途中，可以比較大王椰子樹的高低大小，學會單位長的概念；打開果莢看見種子的排列，展開柚子花觀察花瓣的幾何，從楊桃葉兩兩排列的對生，理解奇數與偶數……。最有意思的是，在觀察捲葉象鼻蟲的生物習性時，小朋友發現牠們是天生的建築高手，不用尺與圓規，就能在葉片上漂亮的打摺、打洞、捲起。仔細觀察捲葉象鼻蟲設計的一片葉，居然有著等間距、圓周率、角度等數學應用。原來大自然的生長蘊含智慧，裡面竟然藏著好多好多的數學練習題！

煮桑椹果醬體悟比例觀念

實驗學校 苗栗縣銅鑼鄉中興國小

　　每週三上午第一節的綜合課，是中興國小全校約定的勞動時間，不懈努力了三年的四季果園，終於迎來得來不易的桑椹大豐收！從種植到收成的產出紀錄，孩子們完成了精彩的「桑椹小書」，在中平社區老師的協同教學下，一起動手做桑椹果醬。

　　從採收、挑選、清洗、熬煮、殺菌、裝罐、包裝，課程中學習用數學課的比例公式，計算熬煮一鍋果醬各自需要多少分量的水果、水、糖，找出口感最棒的比例。孩子們帶著手套，放膽掌爐火，最後舀出熱燙的果醬裝瓶，發揮耐心與細心，終於推出這款於校慶販售的獨家桑椹果醬商品！

　　而這款桑椹果醬的販售所得成為學校共同基金，用於補貼畢業旅行的花費，是中低年級孩子送給學長姊的最佳畢業禮物，如今一個年級傳承給另一個年級，成為中興國小的校園文化。

\ 1-3 /

〔語文課〕

跟著昆蟲、植物學語文，閱讀寫作活起來！

在少子化的衝擊之下，各學校新進師資名額也跟著減少，這使得教育界普遍面臨一個相當頭痛的問題：缺乏新活水的衝擊，舊有教育人員的教育熱誠與教學方法都有可能停滯，就容易產生「教改而不改」的不同步現象。教改的意義更多是在人力資源的重整，教育部鼓勵老師再學習，培養新的能力，刺激產生新的教學方法。

 不當單字偏執狂，孩子自己就想背起來

苗栗縣的文峰國小在2018年推動十二年課綱校訂課程，用校

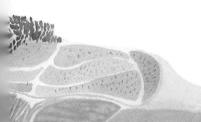

田當全校的主軸，從第一堂自然課「和大自然交朋友」開始，陸續在國語、英語、數學、社會等課綱中，融入校田計劃的內容。文峰國小英語老師呂如怡也從完全沒接觸農事的素人，歷經了一輪農事工作之後，把種植洛神花、收成洛神花、陪著孩子煮果醬的親身體驗，轉化成為創意英語教學，使英語應用可以融入生活與不同學科。配合三年級上學期自然課的「植物的身體」，她教孩子學會用英語說出洛神花的構造；或者用英語來解說煮洛神花果醬的料理步驟。也為了配合自然課教學，她帶著孩子看英文科普影片（在網路上有許多YouTube資源可用），舉凡與校田相關的自然知識，像是雄蕊、雌蕊、花粉、授粉等，孩子對平常少接觸的英語專業詞彙竟也能琅琅上口。「不用一直抓著課本，不用一直執著在單字了！」身在教育現場，親眼看到孩子的轉變，老師們很有感。

從學會到活用，經驗學習幫孩子找到能力

　　過去的語文教育是一支粉筆、一個板擦、一塊黑板、一支教

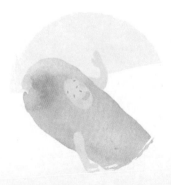

鞭、一本教綱，從頭教到尾；但校田給了老師一個新的素材，用全然不同的系統方法，告訴孩子語言不光是在國語課與英語課，在自然課、料理課、社會課也都存在。因為校田而愛上昆蟲，為了讀懂英文資料，也漸漸接受了英語課，這種案例在執行校田的學校很常見。

過去的教育是教知識，現代的教育是教能力，但能力不是指職業技能，而是孩子無論將來從事哪種領域，都可以「帶著走」的能力，舉凡邏輯力、思辨力、整合力、創造力等等，當孩子們重新複習自己的校田經驗，應用繪畫、作文、表演等不同媒介，把知識化為一場整合性的知識創作，完成一齣戲劇、一本小書或是一場科展，那不就是一種創造力與整合力的展現嗎？

教育從以前到現在的轉變，就是要教會孩子判斷價值觀，找出適合自己的能力。如果以耕種來形容教育，從前的老師是大量統一種植的農夫，現在的老師則是園藝師，要設法把每株作物雕琢出不同的樣貌。

校田小小導覽員

實驗學校 苗栗縣銅鑼鄉中興國小

編課心法 1. 校田現場分享的口說練習

　　　　　 2. 用小日記與學習單練習重點歸納

　　　　　 3. 結合寫作課練習報導文學

　　中興國小的星期一，是全校孩子戲稱的「墾親日」，他們迫不及待地回到校田照顧作物，對種下的蘿蔔信心喊話，希望蘿蔔苗一天一天茁壯，在學期末可以大豐收，用親手栽種的一顆顆白蘿蔔煮出一場澎湃的火鍋大會。這種單純又可愛的期盼，讓全校孩子有了共同目標，更加凝聚成為一個團體。

　　中興國小的老師每週在寫作課上，引導孩子練習將校田裡的所感所想，轉化成文字。孩子練習用完整句型闡述在校田現場實作觀察後的心得，與同學分享；下課之後，則有書寫小日記與學習單，幫助孩子試著歸納學習的點滴，用文字記錄從在土裡撒下種子、初長幼苗、蘿蔔葉抽高、到沾著土的白蘿蔔冒出頭的

驚喜。寫作課堂上，老師依循著校田發生的點點滴滴，加入報導文學的練習，讓孩子們依照不同季節輪種，書寫蘿蔔、水稻、黃豆、紫蘇等主題。

口語表達的能力也是語文教學的重點。孩子從一張一張學習單逐漸累積導覽內容，發揮想像力拆解生澀的農業議題，配合美術創作以及平板電腦展示，從學校雨水回收系統講到校田蔬菜澆灌，從校田與家田的異同比較，講到人與生態環境的關係……。老師先讓孩子們在各自的班上練習當個校田導覽員，接著以全校師生為對象練習解說，培養他們獨立接待外賓的膽識，甚至成為替學校接待環境教育評選委員的小小外交官。

在一次又一次的練習當中，不少孩子從面對外賓時的害羞內向，轉為落落大方，打從心底開心的表情，說明了他們也在土地裡吸取了滿滿的能量，自信的種子在內心漸漸茁壯。

十堂洛神花英文課

實驗學校	苗栗縣銅鑼鄉文峰國小
編課心法	1. 善用YouTube科普英語短片使課堂「聲」動化
	2. 用課本詞彙去解釋專業用語，不脫離進度又可延伸學習

　　文峰國小的英文老師呂如怡這兩年間，配合神農計劃，跟著小朋友下田學習種植洛神花，把體驗的內容結合自然課、數學課、實作課，以洛神花為主題，策劃了十堂有得玩又有得吃，寓教於樂的英語課程。

　　呂如怡從最基本的單字教學開始，對應自然課的教學內容，教孩子認識植物各器官的英文單字，並以擬人化的用語，介紹各器官的功能，讓孩子更容易記住。例如用簡單的「Drink Water」（喝水）解釋根部的吸收作用「Absorption」；用葉片光合作用「Photosynthesis」的字根「photo」（光的意思），補充講解「攝像」的英文字「photograph」，即是「photo」（光）加上「graph」（圖），增加英語教學的趣味與聯想。

高年級部分，校田課程還導入食品加工知識，孩子在採收洛神花之後，會上實作的活動課，學著醃漬蜜餞、煮果醬，讓孩子在栽種過程中更加期待。而呂如怡把整套步驟融入英語課程，帶領孩子練習用祈使句講解清洗、殺青、蜜餞、攪拌等工序。她也進一步融入數學課的內容，用英文出題考孩子，假設有幾朵洛神花，加上多少公克的水、多少公克的糖、檸檬汁，讓孩子複習數學課的「比例」計算；同時也讓孩子學到更多英語單字與句型，有機會練習英語閱讀。呂如怡跟孩子們最後還錄製完成文峰國小的英文版洛神果醬教學影片。

　　經過幾次實際操作，看到孩子在課程中積極參與的表現，老師們不禁有感而發，體認到當孩子很在乎的時候，熱切求知的心情就會像湧泉一樣，源源不絕！

　　原來，教育不再需要聲聲催促，孩子發自內心的熱愛，啟動了自主學習的能力。

從觀察昆蟲培養閱讀習慣

實驗學校 苗栗縣通霄鎮烏眉國小

編課心法
1. 教育部發行《讀＋科學，科學閱讀教學36問》
2. 台灣網路科教館的免費線上資源（www.ntsec.edu.tw）

　　烏眉國小的老師在教育現場長久觀察，發現許多孩子之所以成績表現不佳，根本問題往往出在閱讀速度慢、技巧不足，導致無法正確思辨問題，無法正確解答。有鑒於未來的素養考題，閱讀絕對是必要的能力，目前烏眉國小配合神農計劃的主題，一學期挑選與自然科相關的五篇記敘文與兩篇說明文，培養孩子建構理解脈絡的能力。

　　不過，自然該怎麼讀？烏眉國小的校訂課程以「里山烏眉」為主題，目標是將「閱讀軸」與「里山烏眉軸」緊密結合，刺激學科老師設計出創新的「校田昆蟲觀」課程。所以，如何找出與孩子生長情境契合的科普閱讀，正是烏眉國小選定的方向。

　　推廣閱讀最困難的部分在於「文本」的選擇，但其實台灣網

路科教館有許多完整分類的科普文章，可免費運用。每篇文章皆是長度適中的說明文，對於學生建立閱讀習慣、脈絡思考，很有幫助。

最重要是，烏眉國小的老師為一到六年級不同階段的孩子，設定難易程度不一的閱讀挑戰，讓孩子有個努力的終極目標，從繪本閱讀、口述故事、圖文創作，一步步把閱讀成果轉化為理解脈絡的能力。到高年級還有設計提問單與辯論會，教孩子不只要懂得「答」，也要懂得「問」！

〔社會課〕

社區基地在學校，
從農事凝聚在地力量

在苗栗縣銅鑼鄉的中興國小，每當上學放學時間，時常會在家長接送區聽到這樣的對話：「老師，那個要趕快施肥了！」「老師，那個草太高了啦！」「老師，要不要我來幫你們灑肥料……」來接送孩子的家長，以往只是跟學校老師點頭打個招呼便走，現在卻因為瞥到了一旁的校田，忍不住開口關心。

一畝校田，種下孩子對土地的愛，也鼓動人們重新擁抱土地，找到屬於自己的家鄉認同。

無法用黑板與粉筆教的課

在苗栗縣坪頂國小的香草田，孩子為即將到來的校慶市集辛

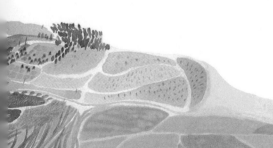

勤採收，用向老師學來的方法，趁著陽光普照攤曬香草，以便乾燥後成為茶包材料。隨後在自己動手設計茶包產品的過程中，孩子們經過課堂上你來我往的討論，有爭執也有贊同，有分歧也有尊重，「公民精神」與「民主教育」不用寫在黑板上講三次，他們自己就已經開始練習。

而當孩子們在校慶市集上，自信地將一包小小的茶包介紹給參加市集的人們，何謂「熱愛鄉土」已毋須多做解釋，因為孩子的表情說明了一切。

來到車程半小時內，位於銅鑼鄉的興隆國小，孩子們各個捧著草莓盆栽，在走廊上爭相比賽誰能幫自己的草莓盆栽找到最好的位置，曬到最充足的陽光，玩得不亦樂乎。而老師與校長也受到孩子們感染，想盡辦法在花圃墾一小塊地，種起芹菜、蔥等蔬菜。甚至，國小附設樂齡中心裡的阿公阿嬤，也忍不住想貢獻一生累積的農知識，主動成為孩子的「老同學」，幫忙看顧起校田的大小事，一起玩起來。所謂「老幼共學」或「銀髮關懷」的方法，根本不需要坐在教室上課，孩子在不知不覺中就懂了。

從高雄調來苗栗偏鄉教學，興隆國小教導主任李秉諺回憶，

剛調職來看到如此陌生的環境，心中又是詫異又是疑惑。李秉諺笑說，自己雖在鄉下長大，卻活得很「都市人」，沒接觸過農事，沒想到成為人師教書後，居然要下田了！在帶領孩子接觸土地的過程中，他從一開始傻傻地穿著皮鞋下田，動作生澀，到如今在辦公室自備一雙雨鞋，隨時可以去照料校田，終於和睽違已久的土地交朋友。而學生們也從和土地的互動中成長許多，「我真的看見食農教育讓孩子感受到生命的力量。」他說。

向外擴散的心靈種子

不僅校園內有所改變，從一畝田出發，發揮校田的附加價值，重新建構人與人之間關係的社會課，也在真實上演。當熱血精神向外擴散，學校與社區形成緊密的共生關係，使得校園打破孤島現象，轉型成為地方閃閃發亮的基地。從前想都沒想過的教育資源，現在源源不絕地出現！

舉例來說，苗栗縣銅鑼鄉文峰國小在尋找校田的過程，意外發現從旁協助的地主先生，正是學校創校者的後代。他謹循上一

輩人的訓示，默默看顧校田大小事，成了文峰國小發展鄉土教育的農夫老師。

　　其實，校田的教育者並不只有學校老師，許許多多的行政人員或家長，也在校田的激發之下，成為孩子學習的對象。像是苗栗縣興隆國小精通料理的廚房阿姨、文峰國小擅長營養學的護理師；位在屏東縣潮州鎮郊區的四林國小，鄰里把學校師生當成家人關心，當地麵包師傅來幫忙開飲食課，很懂種香蕉的家長會會長自願墾田教種香蕉……。

　　在校田的串聯下，大家消弭了隔閡、連結了彼此，才知道身邊處處有資源。校田為鄰里社區的居民創造了舞台，老師與孩子們也不吝惜給予掌聲，鼓動鄰里繼續投入，成為一場心靈交流。

　　站在校田現場，不時可見人跟人的關係逐漸成長，來自不同地方的正向力量，因為這一畝田而被牽引進到校園。當家長們從漠不關心到主動當志工捲起袖子幫忙，這時，建立更好的校園學習環境就不再只是老師的工作，而是大家的事。

一道料理的社會經濟學

實驗學校　苗栗縣銅鑼鄉興隆國小
編課心法　1.樂齡共學拉近隔代溝通的距離
　　　　　2.融入課本外的生活常識

　　位在銅鑼鄉的興隆國小，座落在後龍溪與雙峰山下，擎天而起的千年老樟樹佇立在校園中央，晴雨守護興隆國小一百二十年。正因如此，學校課程緊緊與生命連結，並將樟樹與食農課程列為校訂課程——樟顯興隆、幸福食代。小校與小村生活緊密相連，校園不僅是孩子就學的所在，還兼當社區樂齡學習中心，所以走在校園裡，遇到的「學生」不只孩子，也有年長的阿公阿嬤們組成的「老學生」。

　　來到校長室，一張被戲稱為「校長小舖」的矮桌上，展售著校園出產的各種商品，有小學生利用校田自栽自製的蘿蔔糕，也有「老學生」贊助的社區農產品，校田成了一種共同的語言，拉近了隔代之間的懸殊距離。

從播種種植到最終食品加工、製作商品的課程，老師精心設計逐步加深學習主題，誘導六年級孩子思考方案規劃。在「興隆料理家」的課程中，老師即以策劃一桌料理為題，從實際生活所遭遇的狀況，展開一場課本外的學習。包括教導孩子認識有機食材的認證標章、採購成本、實體店舖或線上購買的差異，以及非現金貨幣的觀念等等，讓孩子深究一道料理的背後，原來可以引發出牽連社會的經濟學。

　　此外，孩子們藉由校慶舉辦農產品義賣活動，把賺取的收入回饋給當地社福機構，體驗從「自給」到「利他」的過程，不但賦予生產不同的意義也更有附加價值。這一畝校田也在孩子們的心中，種下了更多溫暖與愛。

送菜到養老院的同理心練習

實驗學校 苗栗市新英國小

偏鄉小學的隔代教養比例居高不下，但從事傳統務農工作的阿公與阿嬤，往往很難參與、也難以理解孫兒的學校活動，拉大老師與學生家庭之間的溝通距離。苗栗市新英國小透過校田訓練孩子操作農具，不僅增進孩子的手眼協調能力，孩子為了要更熟悉如何操作工具，自然得多問問經驗豐富的阿公阿嬤，與長輩之間有更多可以聊的話題成了校田最意外的收穫。

在學期末校田收成時，新英國小二年級的孩子帶著親手折的紙花，六年級的孩子帶著用校田作物烹調的料理，在老師與主任的陪同下，共同探視學校對面的養老院，唱歌給老人家聽，協助老人家吃飯，陪他們下棋聊天等。

在養老院的現場，沈繡雯老師看見孩子細微的改變：「播放養老院影片給孩子看時，他們並沒有太深刻的想法，有的還以為

爸媽老了送去養老院，是理所當然的事。」但等到孩子們走入養老院，親耳聽到養老院的長輩訴說天天期盼著兒孫來探望的寂寞，以及不捨他們要離開的失落，才真正恍然大悟。

從實際活動激發孩子的同理心，校田也重整了孩子與家庭的情感。許多人從不願意下田到願意，甚至主動跟祖父母聊起校田、分享有機飲食觀念，從小細節扭轉大人的傳統想法，成為推動台灣未來友善農業的小齒輪。

社會教學現場三

市集行銷學民主溝通

實驗學校 屏東縣潮東、潮南、四林及南州國小，以潮南國小為例

在屏東縣潮州鎮的潮南國小，圍繞著校田特色作物「香草」，展開市集行銷課。孩子們帶著課堂任務回家，從認識作

物、用途特性到料理方法，透過網路搜尋資料，或是詢問家長意見，一點一滴訓練主動探詢與歸納意見的能力。

為了把校田延伸到農業行銷，孩子也在老師的協助下，學會從網路查詢菜價，擬定出適合的價格策略，分工合作把蔬菜推銷給學校的教職員，再把賺取的所得存作班費基金，一起分享收穫。「給小孩任務後，大人也要學會放心，不要急著插手幫忙。如此，他們才有時間摸索，找出自己的方法。」潮南國小校長林秀玲說。

在舉辦市集的遠大目標之下，孩子們學會先聆聽再陳述意見，理性思考能力增加，衝突行為減少，懂得尊重他人意見，了解民主決策的價值。幾次觀察下來，林秀玲校長發現孩子的能力遠遠超過大人的想像！

一份充滿意義的麥當勞早餐

實驗學校 苗栗縣通霄鎮烏眉國小

　　2019年烏眉國小的孩子們，肯定一輩子都將記得三月初春有一個如此美好的上午——隔壁鄉鎮才有的麥當勞早餐，竟然做夢般出現在課桌上。這份在都市孩子眼中看來稀鬆平常的餐點，對他們而言卻是別具意義的一餐，因為這是他們生平第一次，在校田種出洛神花、進一步加工販售，自己賺取所得而購買的獎勵。

　　自校訂課程實施以來，烏眉國小的親師關係獲得改善，課程回饋不只發生在孩子身上，就連家長與社區也有所獲益。2018年度，學校為了響應教育行動區的五校聯合市集（當地學校聯合舉辦的市集活動），全體師生與家長們一起動起來，由老師先展開洛神花蜜餞的料理研發，從研究鹽巴或沸水殺青法，定義出加工的步驟，接著帶領孩子從採收、清洗、去籽、醃漬製作，完成色澤鮮豔漂亮又美味的洛神花蜜餞。

高、中、低年級的孩子，各有不同的任務分配，同心協力玩出成果。他們在學校市集活動用力行銷，短短時間內就把首批洛神花蜜餞銷售一空。孩子們眼看產品熱賣，甚至還靈機一動把瓶底醬汁與礦泉水調成果汁，結果總共意外賺得了四千七百元的收入，成了他們人生中最值得紀念的第一桶金。

\ 1-5 /

【鄉土課&文化課】

鄉土教育的答案，
就在土地裡

　　鄉土教育（或稱土地教育）長久以來即是教育界關注焦點，
然而鄉土教學題材又有地方個別差異的問題，如何找到一體適用
的教學方法，著實困擾許多教育者。其實，鄉土教育的答案就在
土地裡，孩子在校田種植地方特產作物，用身體與土地展開對
話，從而理解故鄉的產業、飲食、文化……。孩子圍繞主題開展
對鄉土的多元體驗，無形中加深了家鄉認同與情感連結，自然觸
動身為鄰里社群一分子的自覺，為他日種下一顆願意回歸故里耕
耘的心。

用家鄉作物種出特色小學

　　擔任神農計劃顧問的吳美貌老師，親自走訪多所小學視察，並進行計劃前的資源盤點工作。在與學校共同探研校田特色作物的過程中，她認為特色作物除了與地方傳統產業深具關係之外，對於孩子來說，如果能夠藉由一項作物的地方品種開始認識鄉土，推演到同一項作物在其他地方的不同品種，不就可以成為孩子們認識世界的第一扇窗？

　　臨海的苗栗縣後龍鎮，丘陵地長年乾旱，在強勁海風吹襲之下，使得西瓜、地瓜、花生成了當地人口中的「後龍三寶」。來到家家戶戶種植地瓜的中和里，中和國小的小朋友學習從黃地瓜、紅地瓜、紫地瓜以及地瓜葉等作物，研究家鄉的地瓜文化，綿延的地瓜藤帶著孩子跨出家鄉，認識世界的多元。來到相距不遠的龍津里，這裡是花生的大本營，街上有種花生的、榨花生油的、炒花生糖的，各種加工產品豐富多元，也刺激著同光國小師生們的想像力，試著用花生發展文創商品。

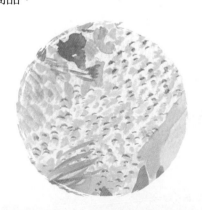

開車不到十分鐘，比鄰的兩所小學，卻在校田發展出截然不同的種作，具體而微顯露出自有的鄰里風情，「每所學校反映的作物情感，微微可以感受到地區的氛圍，」吳美貌老師指出。

當教育單位為特色小學的命題想破腦袋時，何不跳脫人云亦云的慣性，好好傾聽土地的聲音，爬梳出屬於自己的脈絡？

 ## 踩得扎實才敢盡情翻轉

不過，實際執行過程難免會出現雜音。有的學校從剛開始興致勃勃藉著特色作物作為鄉土教育的媒介，但隨著執行階段遇到各式問題，額外增加了工作負擔，甚至嚷著「每天看都看膩了」，而不願在校田種植當地特產時，那又該怎麼辦？吳美貌老師的答案是：因勢利導。

「種孩子想要的，才是比較重要的。」吳美貌建議，並非只有選擇種植鄉土作物，才能產生鄉土教育，即使不是台灣本土作物，教育者也可以補充相應的知識，讓孩子從外往內看見自己的家鄉。

舉例來說，屏東縣的潮南國小的校田種植歐洲香草，但老師延伸帶入本土香草知識，帶領孩子重新認識幫鹽酥雞提味的是九層塔、吃生魚片料理用的是紫蘇葉、放在大腸麵線上點綴的是香菜……等等，才知道原來台灣也有屬於自己的香草文化。

　　吳美貌老師參與推動神農計劃，自己也獲益良多，從翻轉者到被翻轉，發現土地教育的無限可能，「連自己也被翻轉了！」她笑道。未來她更期待著臨海學校，可以把「田」連結到「海」，從傳統石滬文化談論到礁岩棲息生物，從農業生態談論到海洋保育。

　　當孩子打開更多的五感知覺，鄉土教育怎麼可能不越走越開闊？

一種芥菜，醃漬出不同風味

實驗學校	苗栗縣銅鑼鄉中興國小
編課心法	1. 直擊工廠第一線製作現場
	2. 用小日記與學習單練習重點歸納
	3. 結合寫作課報導文學練習

　　七年前的銅鑼鄉，中興國小還沒開辦時，「阿道老師」劉傳道跟當地許多學童一樣，即使家中是專業農戶，從小不時穿梭在菜園幫忙，但也不見得理解完整的農事過程。「鄉下孩子漸漸失去了鄉下孩子的優勢。」阿道老師感嘆，人們若無法從親身經驗中學習、反思，其實是非常可惜的。直到後來進入中興國小任教，在家長會資源的穿針引線下，因緣際會帶領孩子們走進福菜工廠，跟著福菜的製作流程，師生一起「動手」，親自在芥菜上撒粗鹽放入桶子，還脫掉鞋子實際「動腳」，依照醃漬時程的不同，幫芥菜、酸菜、福菜、梅乾菜們「馬殺雞」；也學到把福菜塞入瓶中以及從瓶中勾出福菜的技巧，得特別小心拿捏「尺

度」，例如塞福菜時要貪心，塞越緊實、越沒有空氣，越不會壞；勾福菜時則不能貪心，要多少拉多少，否則一點都拿不到。

師生一起從趣味滿點的體驗旅程中，慢慢爬梳農業知識的細節，探索農業的更多可能，也更了解日常生活的飲食文化。「很多事在沒親眼看到之前是不會相信的，我們在這裡是最有機會知道的人。」誠如阿道老師所言，孩子們臉上的笑容，正是與鄉土親密接觸後最真實的心得，也是教學者所能得到的最佳回報。

鄉土文化教學現場二

大片雪白杭菊在校園盛開

實驗學校 苗栗縣銅鑼鄉九湖國小

編課心法 1. 與在地社區攜手共創鄉土知識力量

2. 結合多元有機作物，豐富課程的深度廣度

銅鑼鄉九湖村從60年代開始種植杭菊至今，已有近五十年的悠久歷史。每年11月放眼望去，緊鄰群山的九湖台地，大片雪白

杭菊奮力綻放，讓人彷彿闖入五柳先生「採菊東籬下，悠然見南山」的世界。挾著台地氣候日夜溫差大、紅土富含鐵和鎂的地利優勢，這裡成了全台孕育杭菊渾然天成的唯一搖籃。

佇立山腳下的九湖國小，懷著傳承杭菊文化的想望，2016年首度敞開校園大門，滿懷期待迎接杭菊的「進駐」。第一次嘗試種植雖以失敗收場，但革命尚未結束，校長徐淑惠和老師們再接再厲，持續領著孩童親近土地，學習愛惜作物，甚至串聯起當地社區的力量，終於多年來的努力開花結果，大片雪白的杭菊在校田裡綻放，這門特色課程也因此深獲師生、鄰里間好評。

杭菊從此成為九湖國小特色的代表作物，今年還融入其他有機食物的栽種。多樣元素的挹注，孩子們親身體驗有機食物的實作栽種過程，鄉土認同逐抽芽茁壯，長成孩子內心感念土地、愛惜作物的素養，也落實了健康飲食教育的真諦。

一條地瓜學四年

實驗學校 苗栗縣後龍鎮中和國小
編課心法 1.「牛隻」夥伴喚醒土地情感
2. 貼身設計不同年級程度的系列課程

　　早期農業社會裡的貢獻主力——牛隻，有天竟也走進校園，開始幫忙犁田？中和國小前校長張茂富認為機器犁田過於冰冷，於是突發奇想，請社區有名的牛隻「牛伯」來幫忙耕校田。

　　有趣的是，鄉土課是老師們每週四腦力激盪的產物。一開始從四季作物出發，隨著課程發展臻善，選定「後龍三寶」之一的地瓜作為課程主軸後，也會隨著節日變化內容，像是母親節時，與孩子討論如何設計出地瓜葉鬆餅食譜，並且分配任務給擅長烹調的孩子們料理出成品等等。

　　一條地瓜量身打造成三年級到六年級的課程，涵蓋觀察、照顧管理、記錄分析與繁衍等學習面向，循序漸進。首先，老師引領三年級的孩子們從探索葉形葉脈分類開始，認識地瓜葉各個不

同品種；到了四年級「晉級」到比較種植農法、堆肥如何影響作物；五年級的課程結合了網路搜尋能力，讓小朋友搜集北、中、南各區域或不同國家的資料，跨越鄉鎮縣市去分析比較氣候等地理資訊的差異。升上六年級，正式叩問「繁衍」的科學大門，接觸胎生、育苗、保種、授粉等概念。從中年級到高年級，孩子們徜徉整套鄉土知識旅程，無不樂開懷。

鄉土文化教學現場四

好事會「花生」

實驗學校	苗栗縣後龍鎮同光國小
編課心法	1. 引入地方作物產生地方認同
	2.「動手做」培養孩子成就感

同光國小校長張傳源2015年初來乍到時，校田剛開闢完成，他接下鄉土教育的重擔，與擔任農老師的廻鄉有機農友、貓裡小

學團等專業農戶協力落實「人與自我、他人、社會互動」的精神，從最棒的大自然教室取材。

與農老師合作邁入第三年之際，張校長為了使校田發揮地方價值，遂選擇「後龍三寶」之一的地方作物「花生」作為敲門磚，帶著孩子們一步步從栽種花生苗、採收花生到曬乾實作。

儘管因為欠收，只能一顆一顆花生單賣，卻也因此醞釀出「花生御守」的巧思。在張校長的突發奇想下，取來小巧的玻璃瓶裝入兩顆花生，以「好事成雙」的象徵意義，指導小朋友動手組裝完成有意義又有福氣的「花生御守」。而這個特殊的校園文創，也在地方媒體的報導下，感染號召許多校友返校參與百年校慶。而校友熱情贊助拍賣活動，竟使一支御守義賣飆到兩萬元。

有了最初的體驗，師生們從一開始不知道為何而種，轉而發現收成直接連帶影響學習成就感，於是轉種易長出果實的茄子、南瓜、冬瓜等。孩子們看到作物逐漸結實纍纍，越種越開心，採收後全校師生還能共享南瓜湯、冬瓜湯和炒茄子等料理，好不歡快！一路跌跌撞撞走來，孩子們在過程中品嘗到「護惜土地」的純粹滋味。

我的鳳梨是二年級

實驗學校 屏東縣潮州鎮潮東國小

　　位在潮州九塊里與崙東里的潮東國小，當地土質為多礫石的溪埔地，校園附近大多圍繞著鳳梨田，是孩子們平日上下學的熟悉風景。因此，校方在鴻旗有機休閒農場的農老師共伴下，選擇鳳梨為校田特色作物，由孩子在校田課親手種下鳳梨苗。學校還安排孩子到鳳梨農場參觀實習，學習巡田與採收熟果，以及利用鳳梨皮與蔬菜混合做出酵素肥料，施灌校田裡的鳳梨苗。

　　在鳳梨長達兩年的生長期間，孩子們才發現平時很常見、很常吃的鳳梨，原來需要如此漫長的培育時間，進而學到農民為了加速鳳梨開花結果，採用電石與水進行催花，使得催花師傅成了屏東鳳梨產區才有的特殊職業。

　　當兩年前種下鳳梨苗的孩子們，終於在畢業前夕迎來收成，儘管果實並不豐碩，但透過親身照顧作物的點點滴滴，孩子們漸

漸愛上校田與故鄉，想必往後品嘗在地鳳梨時，會對那濃郁的香甜滋味更有所感——因為在那份來自大自然的甜蜜之外，還多了份自己才懂的味道。

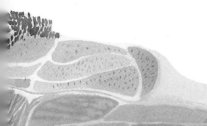

\ 1-6 /

〔美學課〕

帶著美感看世界，
處處皆是無牆美術館

　　台灣的教育，過去首重有助於升學的課程綱要，卻往往忽略了生活中更重要的藝文美學。其實放眼國際，藝術可說是全民運動，特別是歐美學校，相當重視美學素養的培養，認為「美」需要從小向下扎根、需要深入日常生活，校田亦實踐了如此道理。

　　美感教育重在「內在」的養成，但因為內在很難具象展示，造就台灣的美感教育總是以成果為導向，而忽略了孩子體驗美的過程。台灣好基金會執行長李應平說：「很多食農教育的設計，常常少了美學這一環，事實上，校田上的每個視覺都是美學的刺激。」

校田裡，花草作物的豐富色彩，形狀與高矮層次的空間錯落；清晨七點到下午四點，校田作物間的光影移形；春夏秋冬季節流轉的顏色變換，都是最好的色彩學。孩子們俯瞰、並肩、仰望，親手栽種一瞑大一吋的作物，不同角度、不同距離的觀察，看葉子上的紋理、絨毛、經脈，看作物間昆蟲萬物的生命活力，都在孩子們的畫紙上，神靈活現的生長著。

　　為了添加食農教育的美感養分，台灣好基金會曾邀請攝影家李東陽到神農小學開攝影課；邀請主修電影的老家生活藝文空間老闆陳鵬文，帶領孩子們用鏡頭記錄校田，打破孩子們只從生產角度看校田的習慣，進一步從自然環境裡建立自己的美學視角。此外，神農小學的任教老師們，在美術課上也經常以校田為題材，讓孩子們自由素描，菜葉上張大嘴咀嚼的大頭蟲、茂盛肥美的絲瓜、藏在白菜葉下正躍起的蚱蜢……無一不來自孩子們在校田裡的生活日常。

　　在一幅幅畫紙上，色彩飽滿鮮活，生命能量流動，「那是真正美學的展現。」李應平認為。

在美學中感受柔軟

曾為台灣好基金會策劃「神農一日學校」的陳鵬文，在興隆國小擔任替代役的一年裡，記錄「神農計劃」在學校從0到1的過程。他看到校田上的田園美學刺激了孩子們對色彩的想像，以及運用不同距離與角度的多元視角能力。當他退伍創業成立「老家生活藝文空間」公共平台後，也加入成為神農小學的美感教育輔助系統。

陳鵬文經營咖啡館六年，也陪伴神農計劃六年，他的咖啡館已是苗栗青年返鄉結蛹羽化的停留點，他同時花費很多時間與外地或是本地的藝術家、創作者、生活家建立關係，把各種藝文資源帶進苗栗，並請藝術家到神農小學帶領校田的活動。陳鵬文解釋：「藝術家就是一條引線，能重新發掘我們具備美的眼睛與觀察的能力。」一旦大家跨出第一步，就能夠開展無限繽紛。

與傳統美術教育不同，陳鵬文在神農計劃中，以採收的影像記錄、果醬行銷的包裝、市區走讀，以及各種戶外教學，讓美學

教育自然而然融入孩子們的眼睛與記憶。他用溫柔引導著學校老師重新思考美學教育，感受不同課堂的教學方法。「美學的最大功能是可以讓人變得柔軟，教育現場更需要走出教室，讓生活美學進來。」他認為。

舉例來說，帶領學校的師生參訪護樹教育中心的「十呆院子」，現場播放著《老鷹想飛》紀錄片，講述關懷土地的生態故事。他原本以為老師與孩子會覺得很生硬，但卻意外發現從低年級到高年級整體的專注度很高。在充滿感染力的環境下學習，明顯察覺學習態度的轉變，而透過分組完成簡單的老鷹動畫，孩子期待作品被看見的心情，推動著他們繼續深掘議題。「無論多硬的教材，只要細細與孩子分享，他們都是可以吸收的，」陳鵬文驚喜地發現。

日常生活到處是美的饗宴

在這堂另類的美學課裡，陳鵬文不只教孩子在世界看到美，更要學習用美的眼睛去看世界。在苗栗市區走讀的路上，他帶領

孩子發現學校建築、圖書館、老戲院的美感角落，重新發現故鄉的與眾不同。在「神農一日學校」成果展，陳鵬文也使用現成素材與再生材料，用課桌椅與畫框在操場上打造一間「無牆」的透明教室，並用曳引機結合課椅打造出大地裝置藝術，展現出向農夫學習的精神。

陳鵬文說，當孩子培養了美的眼睛，學習美學將跳脫制式，在所有時刻都可以感受到美，日常生活就是無形的熏習。當美學教育可以像走進自助餐店，孩子們可以自由點選喜愛食材、味道、色彩……不知不覺完成的感官盛宴，也就塑成了專屬於他的美感意識。

一棵果樹長出一堂編輯課

實驗學校	苗栗縣銅鑼鄉中興國小
編課心法	1. 串聯各科課程達成教學成果
	2. 引進社區學習資源

　　中興國小的校田從最初的四季果園，經過兩、三年的耕耘，終於結出甜美的桑椹果實。配合飲食課的實作，孩子從最簡單的桑椹果汁入手，到後來產量日趨穩定，老師還進一步邀請中平社區的果醬達人來傳授料理技術。

　　在每星期三第一堂綜合課的勞作，孩子們從未經農事的生手，一點一滴學習施肥、拔草、採收，逐漸有了小神農的架勢。一路上，蘇秀玉老師也帶領孩子認識長果桑椹與大果桑椹的差異，並且品嘗不同品種的滋味。在等待果實轉熟的時間裡，訓練孩子觀察力與耐心。採收果實後，在料理過程中，小朋友從分工合作清洗桑椹、計算材料比例、殺菌裝罐、折包裝紙、綁繩貼標籤，細心地依照一道一道程序，完成一瓶又一瓶的果醬。

老師也將實作活動的記錄照片分享到雲端資料夾，成為孩子設計果醬包裝標籤的素材。至五年級配合電腦資訊課，老師在授課時加入編輯軟體學習，引導孩子實際應用資訊能力，完成自己的畢業紀念冊。

　　在各學科彼此串聯之下，一顆顆酒紅色澤的桑椹帶著孩子慢慢累積獨立思考能力，並轉化為美感創作，獲得最實質的成果，成為一輩子都會留存的紀念。

畫出校田裡的彩色小宇宙

實驗學校	苗栗縣通霄鎮坪頂國小
編課心法	1. 校田產品引導設計實務
	2. 繪畫興趣課結合校田實地觀察

　　坪頂國小教導主任楊毅立拿著學校師生參加1881上海文創馨生活市集的照片,跟來客分享。想起孩子從對香草作物懵懂無知到完成香草產品,他不禁感慨良多,直呼自己在教學的過程中,反倒從孩子身上獲得許多回饋。

　　坪頂國小的校田除了讓老師得以結合課堂教學,帶領孩子們種下香草植物,其獨特的辛香味也有自然的驅蟲效果,可以減少有機菜田裡的蟲害,讓周圍阿公阿嬤的田地也跟著受益。此外,因為香草作物與當地種作有所不同,不只是孩子,就連鄰里也都感到新奇,一畝校田默默在角落生長,卻有很多好奇的眼睛偷偷在觀察。

由於有農夫老師相伴種植，坪頂國小的校田幸運地克服生手種植容易失敗的障礙，農夫老師還給予農產加工的各種點子，建議將香草作物延伸到產品面向，引導孩子親自設計包裝，完成紫蘇茶包、香草鹽、迷迭香調味罐等。除了產品設計結合美學課之外，學校外聘美術老師開班的興趣課，也開始以校田為主題，進行創作。在老師的引導之下，小朋友紛紛畫下種菜、採絲瓜等農事體驗的場景，把親身體驗與觀察的細節繪入圖中。

　　戴著袖套的下田裝、汗如雨滴的表情、採摘姿態的不同、田間道具的種類、菜葉棲息的昆蟲等等，在孩子的圖畫裡，校田被放大成為小宇宙，是如此豐富精彩，因為他們的眼睛，真實看見了美。

〔飲食課〕

一把有機菜，
點燃餐桌上的革命

味覺是最具誘惑力的學習動力，當校田結合飲食教育，孩子從食材辨識到動手料理，不僅可以鍛鍊生活能力，同時也成為推動有機農業的重要環節。

舞春食農工作室共同創辦人蘇立中表示，小學階段的孩子正值味覺轉換期，實際味覺體驗有助於孩子建立對天然食物的辨識度。而孩子們將親手種植的蔬菜帶回家，跟父母與爺爺、奶奶分享，大人在試吃有機蔬菜的同時，不知不覺放下抗拒心理，重新理解有機農業，餐桌成為改變傳統飲食與種作的契機。

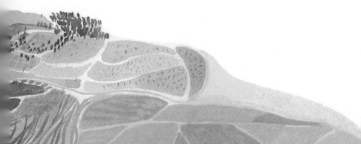

滴著汗水的學習更長久

　　滴著汗水的學習，總是特別深刻。種植水稻與黃豆輪作的苗栗縣中興國小的孩子，在參加穿龍豆腐坊的教學體驗裡，透過自己的努力得到收穫，明白食物不是瞬間就出現在超市。當他們明白要多少顆黃豆才可以做成豆漿與豆腐時，便更加珍惜那一小袋得來不易的收成。孩子懂得不能輕易浪費餐桌上的食物，也身體力行響應「校園零廚餘」活動。

　　從「零剩食」延伸到「全食物」，舞春食農工作室也把飲食課延伸到校田之外，帶領屏東縣南州國小的孩子辨認路邊的可食野草與野菜，同時讓孩子帶著學習單回家訪問家中長輩，傳承傳統飲食的智慧。舞春食農工作室還設計課程，讓孩子品嘗野草飯糰、野草麻油煎蛋等創意料理，在很有個性的味道裡，打開對多元事物的接受度。

用吃來拉近彼此的距離

　　飲食課程也讓學校與外部資源有進一步的連結。94友善小鋪梁佩玲表示，「吃」也是與人建立關係的最好途徑。位於苗栗公

館鄉的94友善小鋪，是由一群推動青年回留農村聚落的年輕夥伴與在地小農成立的小鋪。梁佩玲說，當參與神農計劃的學校面臨作物產量不足時，可以透過採購地方的有機農產品，在課堂上繼續延展料理教學活動。學校支持地方有機農業，地方有機農業支持學校教育，因為「在地消費」建立起互助網絡。

另外，在台灣好基金會媒合外部團體與學校老師、校園廚房鼎力合作，有的學校把校田食材發想為料理，甚至導入各種不同加工技術，把農作物延伸成為校園的商品，成為市集或校慶行銷活動的最佳練習。

舉例來說，苗栗縣的烏眉國小把野放洛神花加工為蜜餞，把糖漬後剩下的果汁泡成冰飲，在校慶義賣募集了共同基金；而苗栗縣的坪頂國小則學習食品加工的乾燥技術，發展出香草鹽、紫蘇茶包、迷迭香香料等商品；甚至還將香草結合手抄紙做成香草紙，自製成為母親節的祝福賀卡。屏東縣的潮南國小則以一年一度的全校料理大賽，鼓勵各年級的孩子從菜單設計、創意發想到擺盤美感，用最實際的方式驗收學習成果，無形間也在培養下一代對農創的想像力。

中華小當家的手作蘿蔔糕學

實驗學校 苗栗縣銅鑼鄉興隆國小

編課心法 1. 尋找學校廚房裡隱藏的大內高手

2. 營養午餐加入全食物概念

　　興隆國小因為實行神農計劃，挖到了寶！原來負責學校廚房的「湛阿姨」湛碧園，是個曾在料理競賽獲獎的神廚級人物！她傳承了媽媽教導的傳統客家美食，總是能夠活用當令食材製作出各種美味，使得老師在設計校田飲食體驗課如虎添翼！

　　在湛阿姨的幫忙下，學校曾數度舉辦手作蘿蔔糕體驗活動，如今孩子在校田裡也種植蘿蔔，為土地到餐桌的飲食教育，扣上最後一個環節。從參與神農計劃第一年的蘿蔔大豐收，孩子們帶著親手做的一大塊蘿蔔糕回家；第二年則延伸不同品種的研究，孩子們開始玩起彩色蘿蔔糕，並在94友善小鋪食農團隊的引導下，加進「蘿蔔漬」的全食物議題，將富含營養價值的蘿蔔皮與葉子醃漬成為美味的小菜，為收穫季節的營養午餐加進驚喜。

不過到了計劃的第三年，校田蘿蔔欠收，產量不足無法自炊蘿蔔糕，老師為了滿足孩子的期待，念頭一轉加入了「採購課」，為飲食課開了另一扇學習之窗。孩子在學習網購的過程中，認識了有機標章、計算料理成本、信用卡的貨幣概念，同樣可以展開「非課本的學習」。

　　孩子從生活真實遇到的問題，累積知識與解決問題的能力，最終完成了一整桌的佳餚，豐盛的學習成果絲毫不減。

飲食教學現場二

逆轉失敗的甜蜜洛神花課

實驗學校 苗栗縣銅鑼鄉文峰國小

編課心法 1. 外部團隊輔助料理技術

　　　　　 2. 課程設計要會轉彎，才能應對突如其來的減產

校田寬廣的文峰國小，善用優勢在校田種起洛神。在關心有機農業的青年農友組成的「貓裡小學團」輔導之下，老師學習煮洛神果醬，理解加工與封存技術，再將學習到的心得轉化成為適合小朋友的課程內容，把手作果醬結合語文與數學課，讓孩子應用比例公式計算食材分量，按照步驟熬煮出甜蜜滋味，完成了文峰國小的代表性產品。最重要是，在一瓶洛神花果醬的背後，蘊含著文峰國小的小朋友一路走來，從生澀轉為甜蜜的學習點滴。

開田之初，老師將全校小朋友分四大組。孩子走進校田直擊洛神的生長環境，認識草生栽培、水源涵養、品種選育等觀念，理解到農業不只是表面的種植而已，還有許多值得深掘的專業知識，校田成了孩子可親的知識樂園。

不過，種植如同人生一樣，不可能一路順遂，文峰國小歷經兩年大豐收，野生野長的洛神花竟在第三年突然罹病全軍覆沒，面臨整片田只剩一棵的慘況。

空有一身洛神花料理絕技，卻沒有東西可以發揮的孩子，不像大人那樣失落，反倒相當淡定，思考著為何洛神會生病？從失敗經驗出發，老師帶著孩子拜訪農場取經，反倒認識各式各樣的洛神品種，也學到輪耕轉作的道理與重要，而料理學習也因為這

次的失敗意外升級。

　　校外烘焙老師注入新想法，把產量不多的洛神蜜餞揉進麵糰，協助孩子完成香氣四溢的手工麵包。孩子們用不止熄的學習心，烘烤出美味的成果，也懂了化解困境的「逆轉勝」之道，就在於不放棄。

飲食教學現場三

石頭湯繪本的真實演出

實驗學校　苗栗縣後龍鎮中和國小
編課心法　1. 歡樂煮火鍋誘發資源共享概念
　　　　　　　2. 從繪本、體驗到戲劇的情境教學

　　「原來我們不是只能擁有，付出可以更加美味。」中和國小一大鍋蔬菜湯內，有來自全校每班種植的作物，孩子個個吃得津津有味。受到《石頭湯》繪本故事啟發，師生各自貢獻己力，彙

整成更加甜美豐盛的餐食。

中和國小的特色作物是地瓜，在過去幾堂地瓜大餐的料理課上，孩子們對於食材已相當熟悉；不過到了秋冬季節，校田的收成轉以季節作物——茼蒿為主，該怎麼整理出一個學習主題？中和國小教導主任李尚儒想到了繪本《石頭湯》的故事。

《石頭湯》講述飢餓的士兵們來到陌生的村莊，為了鼓勵村民分享食物，想出了煮石頭湯的方法，在煮一鍋湯的調味過程，村民從拿出一匙鹽、幾粒胡椒，到一根蘿蔔、幾片蔬菜，逐漸打破偏見，齊心協力完成料理，共享一鍋湯。

於是，中和國小串連各年級的力量，在期末收成發起仿效石頭湯的故事精神，集結各年級的種植成果煮湯。只見各年級種植的高麗菜、蘿蔔、花椰菜，以及貓裡小學團提供的番茄、學校廚房熬煮的大骨湯，通通丟進大鍋，煮成全校可以共享的營養蔬果火鍋。而煮湯同時結合高年級孩子的戲劇演出，使得一個再平凡不過的營養午餐日，彷彿施了魔法般，成了一場料理慶典活動。

飲食料理更豐盛，孩子從活動中體認：一個人雖擁有的不多，但若願意奉獻分享的話，這個社會是可以很富有的。

低頭向雜草學習的課堂番外篇

實驗學校 屏東縣南州鄉南州國小

編課心法 1. 向長者傳承傳統智慧

2. 野草料理結合美育概念

　　「種植」的定義是什麼？在老一輩農民的心中，有經濟價值的植物才叫作物，使得他們更加擁抱慣行農法。可是人們卻忘記了，在古老的傳統飲食智慧裡，「雜草」扮演著重要角色。南州國小在舞春食農工作室的協助下展開雜草課，孩子把課堂學習帶回家，從訪談喚醒阿公阿嬤的記憶，重新定義雜草的價值，扭轉「除雜草」的既定印象，更滲入「有機農法」的新觀念。

　　在老師的帶領下，孩子從校田到野外，走入田間分辨雜草與作物，觀察鄉下普遍常見的野草與野菜，認識各種不同野菜的名稱、特徵、滋味、故事；並在老師的帶領之下認識土地，採集可食的野地食材。

　　在高年級的料理實作課程中，孩子們學習做出野草麻油煎蛋

的創意料理，或是運用野草的各種葉形，捏製出一顆顆野草飯糰，完成漂亮又可口的季節美味。

當野草料理結合美學教育，料理實作不只是為了吃，更隱藏著探索新事物的啟發意義。

飲食教學現場五

一張蔥油餅的美味啟發

實驗學校 ▶ 苗栗縣西湖鄉五湖國小
編課心法 ▶ 1. 苗栗區農業改良場的品種指導
2. 貓裡小學團合作研發食譜

五湖國小在參與神農計劃三年後，結合自然科學與健康體育學科，依照兩學期課程規劃種植四季作物與特色作物，前者以蔬菜「蔥」為主，後者以藥用作物「葉用枸杞」為主。選擇種植葉用枸杞的原因，其實與五湖國小的發展願景和社區型態有關。

五湖國小吳明志校長表示，國小所屬的五湖社區為高齡化社區，三代同堂與隔代教養情況十分顯見，為了培育孩子關懷長者的愛心，透過公館鄉的苗栗區農業改良場合作，提供有益視力保健的葉用枸杞品種，把學習現場與生活教養連結起來，一來可喚醒孩子對於家中阿公阿嬤的關懷，二來也告訴孩子注重視力保健的好習慣。

　　另外，以蔥為題材的「班田健康蔥明吃課程」，由班級老師帶領孩子種植作物，於種植中觀察蔥的生長過程，並學習除草、蟲害和施肥的基本概念。老師也會在每學期的作文訂下食農教育主題，並選擇優秀作品投稿於《人間福報》、《國語日報》等刊物，分享孩子有趣的親身體驗。

　　陪伴著孩子在校田裡學習，總務主任張瑞蘭親眼見證學生的轉變。她觀察，鄉下小孩家裡普遍都會有田，可是大部分孩子在家並不會參與農事，所以剛開始下校田時，多少會有抗拒的心態，尤其遇到要抓蟲的時候，很多孩子都很害怕。但是透過自然課的學習，孩子們認識校田裡的生態後，化解了對蟲的恐懼，反而主動去抓蟲，熱心的同學還會挺身而出，替害怕的同學抓蟲。

　　「從孩子這些微小的舉動可以發現，他們也跟著校田慢慢成長，

變得更加成熟了。」張瑞蘭欣慰地說。

　　到了學期末，師生分工合作，孩子負責採收一株株青蔥與清洗，老師負責準備麵糰與雞蛋，大家再一起擀麵皮、煎麵皮，完成一張張美味可口的蔥油餅。當孩子享受著收穫的成果，頓時忘卻了種田好累、會弄髒、蟲好可怕的種種抱怨，反倒真情流露，說出：「如果以後可以常常這樣，就太好了！」學生們心滿意足的感動，由此可知。

〔資訊課〕

從泥地到雲端，
種菜也可以很科技！

農業不只有傳統的一面，也有相當科技的一面，不管是水耕、籃栽、溫室、自動澆灌、品種改良等，尤其是自動化生產管理系統的引進，傳統農業結合新興科技的「科技農業」，早已大幅顛覆傳統印象。苗栗縣同光國小的校長張傳源，以校田為體，科技為綱，訂立「智慧神農」主題發展校定課程，在參與神農計劃的十四所小學之中，成為相當特殊的案例。

來到同光國小的校田，田畦上豎著自動噴灑灌溉系統，土壤裡則埋著植物檢測儀，而兩者設備連線到學校的資訊系統，孩子可以透過回報的數據，了解不同時候的泥土溫度、土壤濕度、空

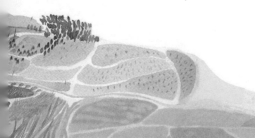

氣溫度、機箱溫度、光照度等資訊，並利用平板或手機遠端監控，隨時掌握校田裡的大小事。這一畝田成為孩子學習應用新興科技的立體實驗室。

 ## 借用智慧科技當農作物的保姆

為了把科技行動學習與真實情境扣緊相連，張傳源校長成立「智慧小農夫」社團，聘請鑽研人工智慧的老師，指導孩子學習新興科技，從中學會運算思維。從最簡單的判讀數據，孩子懂得從光照度判斷晴天陰天，從濕度與溫度判斷乾旱度，並且結合校田的實際耕作經驗，決定是否要啟動灌溉設備，給予作物最佳的照顧方法。

此外，張校長也以「如何讓作物住得更舒服」為主題，指導孩子上網搜尋作物的生長資料，依照最佳生長條件設計管理程式，並運用數學的長條圖分析，對比大數據系統的植物生長資料，判斷校田植物的成長曲線是否良好，一點一滴累積出可成為科展的研究主題。

當泥地遇上雲端科技，孩子在科技田裡的學習，體會到科技帶來的便利，卻也因為過度仰賴科技，以為設定好自動化澆水就萬無一失，而疏於親自照顧作物，使得校田收成慘遭失敗，因而真正體悟到「勤勞」的價值。全校師生在共同主題的探索下，一起玩出與眾不同的種植經驗，明白了科技不是萬能的道理，唯有尊重自然與保持勤勞，才能享受到豐足收穫的快樂。

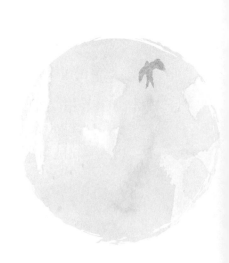

利用雲端「學習吧」建構教材資料庫

實驗學校	苗栗縣銅鑼鄉興隆國小
編課心法	利用免費雲端平台整合教材資源

　　校訂課程的設計，最重要是年級間的深度必須具有延續性，引導學習能量螺旋向上；領域間的寬度必須具有關聯性，促使知識內容全面統整，讓學習內容重複最小化，學習效能最大化。興隆國小的教導主任李秉諺為了使老師可以更有效地分享討論授課內容，幾經思考後，決定利用免費的線上資源，籌備建置興隆國小的教學資源平台。

　　經過不同的嘗試，李秉諺主任採用「學習吧」網站平台，依據不同年級開設檔案庫，請教師將教學設計的相關教材、學習單上傳，以共同製作的模式一同完整學校資料庫。目前教材陸續上傳，待完成後，再採滾動式修正。年復一年，日後教師便可輕鬆的在這個平台找到輔助校田課的各種文章、影片、影像等，以及

歸檔整理的歷屆教學心得、線上測驗與成績，成為各年級老師備課的「教材資料庫」，讓老師們可以不限時間的搜尋點閱、增添內容，保持良好的教學動能。

相較於前端的校田現場，「學習吧」就是穩固的後端平台，即時提供老師授課的援助。另外，利用網站的共享表格系統，只要將共同討論擬定的校訂課綱架構上線，老師們可以自由填入授課內容，同時查看其他老師的內容方向，既可確保彼此的內容不會重疊，同時也保留老師的個人特色與專業。

臉書開田，學當一日小編

實驗學校 苗栗縣銅鑼鄉中興國小

編課心法 1. 連結臉書（Facebook）粉專發揮社群力
2. 師生家長的零時差交流平台

　　智慧手機與平板的普及化，社群媒體連結各種App軟體，已成為日常生活不可或缺的「科技應用」，而中興國小也把豐富精彩的校田生活分享到臉書社群媒體，留下老師記錄孩子學習的點滴。而老師也將農場實況照片上傳到Google App，家長可以訂閱校園最新消息，增加與孩子對話和互動的契機。

　　此外，中興國小也善用工藝與資訊技術，使校田與課本教學能更活潑地結合。例如，用空拍機拍攝校田形狀，然後利用數學圖形、比例尺、面積的概念，讓孩子算出校園的實際大小；請來具有木工專業的家長，釘了座一立方公尺的木箱體，幫助孩子以實際大小理解校田一千公升的儲水究竟有多少，也讓孩子練習體積與容積不同單位的換算遊戲。在老師的協助之下，中興國小全

校各班都有自己的臉書專頁，孩子從一到六年級的學習紀錄都上線歸檔，將來畢業後也能持續追蹤，把校田學習的喜悅持續分享下去。

跨越藩籬的超強學習力

實驗學校	苗栗縣通霄鎮烏眉國小
編課心法	1. 人人都是揮灑創意的小編
	2. 構築親師溝通橋梁
	3. 結合攝影與語文練習

　　打開烏眉國小的臉書粉絲專頁，映入眼簾的是孩子滿滿的燦爛笑顏，這些生活剪影不僅是孩子快樂的回憶，也是師長們最驕傲的成果！

　　為了記錄孩子學習點滴，老師們決定共同管理平台內容，認

真經營起烏眉國小的臉書粉絲專頁。頁面上無論是焢窯、練田徑、社區服務等，孩子們專注學習的小小身影與臉龐，成了校園最動人的風景。

老師也針對高年級的孩子，讓他們輪流擔任網站「小編」，從構圖、器材操作到學習攝影、記錄活動，同時也鼓勵自由書寫，再挑出佳作轉投《國語日報》，獲刊的文章也會公布在臉書，不但孩子們學得起勁，也讓全校師生共享榮耀。

大人透過螢幕讀著孩子筆下記錄的校園點點滴滴，也想起了童年，在工作閒暇之餘欣賞，無疑是最棒的紓壓管道。不知不覺中，烏眉國小臉書粉絲專頁的追蹤人次也超過了三百人，甚至超過了全校家長總數！

〔跨域整合〕

分享知識，
用主題連貫全年級

　　如何打開校田的想像，讓自然、生活、美學各科知識可以跨域上課？屏東縣南州國小透過行政會議舉行討論，校長不斷拋出議題，透過全校老師「共備」（共同備課），把教室的圍籬打開，共享手上握有的知識，討論出108課綱的校訂課程。「不是單打獨鬥，當大家一起都跳進來，推動就不會有問題，」南州國小校長涂建平認為，訂定課綱的過程中，公民參與決策的精神很重要。

　　有理念，接著就要有切實的行動方案。南州國小是十四所神

農小學裡人數最多的學校，師生總數近兩百人。台灣好基金會考慮到學校老師多半對務農一竅不通，不熟悉該怎麼教學生農事技術，於是先安排一系列的教師研習課，邀請有機農場與外部團隊來上課，由老師自己先當學生，實際領略課程內容，先行消化吸收後，再轉化成為適合學生的教學內容。

在地取材的創意學習

打開眼界，生活處處是刺激孩子學習的素材。綜合昆蟲課與校田課的內容，老師從蜜源植物、民俗植物、家鄉認同作物切入，四季作物不種植常見的高麗菜或白菜，而改種植向來被視為雜草的野莧菜，使孩子重新探索雜草（野菜）的價值；另外，在香料課上，則把胡椒轉換為台灣山胡椒「馬告」，把地方精神融入校田設計，使得體驗活動更容易緊扣地區性文化；飲食課可以研究傳統野莧菜粥，還可以配合閩南語教學等。

另外，師生也學習到適地適種可以減輕農事工作量，毋須太過勤奮地拔草，只需要管理草向、保持土壤濕潤，就能為作物提

供肥沃的生長環境。這樣的校田自然也吸引不少生物棲息，成了唾手可得的生態教學場域。

創意學習的課程，讓人眼睛一亮。南州國小依照108課綱校訂課程，率先彙整出三年內容，以橫向為「主題」、縱向為「連貫」的邏輯，依照一到六年級分配不同深度的內容。全校整學期共同探索相同主題，但依據各年級孩子所學的不同知識，可以帶動年級之間的交流。舉例來說，在「堆肥」主題課，低年級進行落葉堆肥、中年級做蚯蚓堆肥、高年級以微生物分解廚餘堆肥，各年級學習的內容不同，卻彼此呼應。

校田讓孩子的學習激起火花，也為社區添上新的色彩。南州國小在校田農事流程的操作時，刻意把社區納入思考，在農地休耕時，選種容易被人喜愛的向日葵做為綠肥，一株株澄黃的花朵成了美麗的風景。在翻犁讓向日葵成為綠肥前，校方邀請鄰里居民來摘花，甚至也讓孩子帶去菜市場分送，把有機農法的友善環境態度，延伸成為「贈人玫瑰，手留餘香」的分享精神。與人友善，人也與我友善；與自然友善，自然也與我帶來友善。

香草料理大賽，小朋友當食神

實驗學校　屏東縣潮州鎮潮南國小
編課心法　1. 全校料理大賽激發學習動力
　　　　　2. 活用心智圖進行小組討論

　　站在潮南國小的校門口，就能看到綠意盎然的校田，田地圍繞著台灣形狀的生態池，除了蔬菜與玉米之外，還種植了九層塔、芳香萬壽菊、迷迭香，粉蝶紛飛，淡香彌漫，校田宛如自然花園。

　　潮南國小的所在地潮州鎮，素以毛豆聞名，但毛豆並非當地所產，主要是負責毛豆加工的環節，於是潮南國小的老師們決定逆向思考，選擇台灣鄉下較少討論的香草為特色作物，不只種植迷迭香、薄荷等歐洲香草，也種植九層塔、芳香萬壽菊等台灣本土的香草。從上學期展開作物研究，到學期末舉行料理大賽，老師用了相當活潑的方式驗收學習成果，引導孩子使用心智圖展開分組討論，研究料理所需要的工序、食材、器具等，分工完成料

理大賽的準備工作。

在料理大賽的目標下，老師於各年級帶入生活知識。低年級學習認識廚具，了解傳統與現代廚房的差異、闡述表達調味料的品嘗心得；中年級學習飲食均衡，認識食品添加物，以及從包裝標示認識化學添加物；高年級研習菜市場學，學會判斷食物里程與生產履歷標章，並加入新住民家庭飲食習慣報告，幫助孩子從飲食發現世界的寬廣，並學會尊重多元文化差異的重要性。

到了學期末的成果驗收日，是小朋友化身為食神的精彩時刻。各年級的孩子在校舍中庭的料理台前大顯身手，不畏生疏地操作刀具與爐火，把紙上構思化成實際的一道料理。在一道道創意料理背後，讓人驚喜的看見打破想像的九層塔牛奶冰沙、芳香萬壽菊沙拉、創意蕎麥麵等。看似衝突卻十分美味的組合，展現了小朋友豐富的想像力，也得以看見孩子無比的包容心。

自然玩具課，玩出跨領域學習

實驗學校 苗栗縣通霄鎮烏眉國小

　　苗栗縣烏眉國小為十二年國教前導學校協作計劃中的「導入學校」，為鼓勵老師投入課程的創新設計，負責低年級課程，孩子口中的「雅慧老師」邱雅慧，也在校外教學團隊「舞春食農工作室」昆蟲老師蘇立中的感染之下，意外被激發出熱血教魂，從興趣缺缺的農業新手，轉變成孩子崇拜的活百科。談起投入校田教育的願景，她說：「我的願景就是希望孩子走在校園認識的那棵樹，未來他在台灣其他地方看到，也還能認得，甚至在國外看到的時候，還能想起台灣也有這樣的樹。」無論身在何方，大自然永遠為人指引著家的位置，讓心有所依靠。

　　雅慧老師坦言，最初接觸校田自然課時，內心相當惶恐：「我既不認識昆蟲、也不認識植物，不知道的事情這麼多，要怎麼教？」然而，當她看到昆蟲老師蘇立中把校田視為生態圈，帶

領孩子走進校田認識生產者、消費者、分解者的角色,甚至介紹螞蟻與蚜蟲的生態結構……,才恍然頓悟:誰說生物課要等到國中才能上?

於是,她帶著相機開始記錄校園的樹木與昆蟲,從第一次記錄六十多種,持續至今已經可以辨識上百種,並可以獨立帶著孩子做昆蟲繪圖,訓練孩子的觀察力。幾次操作下來,雅慧老師教出心得,也開始發揮創意。例如,她從網路找到教學影片,帶著孩子學草編蚱蜢;或是搜集濕地松的松果,設計出與眾不同的聖誕樹。而為了在種子鑽洞串珠做飾品,她更找到自製簡易小電鑽的方法,教孩子如何把廢物再利用……,不知不覺中,師生延伸出一堂大自然裡的玩具課。

「很多人會問我,這麼早教有用嗎?小孩能馬上記住嗎?」雅慧老師笑得爽朗,回答道,當然不會一次就記得,只不過,「記了會忘,忘了再記,這才是忘記的真正意義啊!」

教學相長,看來受惠於校田的不只是孩子,當代教育者也體悟了「誨人不倦」的新解。

\ 1-10 /

〔共學課〕

回到一張白紙，
向孩子學習吧！

　　2019年台灣正式邁入「十二年國民基本教育」的時代，朝向「核心素養」為主軸的108課綱，同時也成了教育工作者的全新挑戰。然而，以往的老師習慣當個教學者，卻不習慣當個課綱設計者，在既定課綱塑造的框架之下，使得老師很難跳脫、轉化出有創造力的內容。所謂「改變學生之前，必先改變老師」，神農計劃執行七年以來，總和發現到一個有趣的現象：為孩子設計的創新教學也感染了周遭的大人；可以說，有形的課程是神農計劃的前半段，無形的擴散則是神農計劃的後半段，而那也是翻轉教育最重要的部分。

在校田最初實驗階段，主要教學者為農夫老師或校外創新教育團體，學校老師並未被要求參與農事，然而隨著孩子在校田玩得盡興，越來越主動學習並積極參與，時常把所學所知回饋給班級老師，漸漸也帶動老師的興致，自然而然產生一種「共學」的環境。

老師不想被孩子考倒

教學相長，學生有時也可能是刺激老師自我成長的契機。苗栗縣烏眉國小總務主任王秋閔觀察到，在進行校田種植的過程中：「許多老師為了不被學生考倒，自己努力做了許多功課，特別是以前對於自然並沒有那麼了解的，也因為課程的關係開始變得很懂。」當老師把學到的新知識分享給學生，成為孩子的崇拜對象時，在教育現場獲得的迴響以及成就感，往往可以激勵老師的教學熱情；而透過與孩子共學的過程，老師回到一張白紙的狀態，用孩子的視角來看世界，打開想像力但又能適時收斂，透過縱向與橫向的邏輯架構，就很容易順勢展開新的課綱。

　　不只如此，校田的影響力也擴散到學校其他的行政人員，像是工友、校廚、護理師等，也被孩子們激發出內心深處的「農魂」，忍不住試試身手在花圃種起蔥或芹菜，無意間落實了可食地景的理念。更令人驚訝的是，多所學校都出現了在校行政人員成為農老師的現象，如校廚成了飲食課設計者、護理師成了田媽媽……，校園內的關係更親近。

 家庭、社區一起動起來

　　校田的魅力不僅於此。當孩子們把作物帶回家分享時，家長們主動教起孩子洗菜、切菜、炒菜，家庭教育不知不覺銜接了學校教育。如此不勝枚舉的案例，證明了校田確實擁有激發大人的共學力。

　　走出學校，校田透過孩子影響了家長，再由家長影響到整個社區，如同為學校打開一扇窗，使社區資源可以導入學校，更是有助於「樂齡共學」的推動。

　　屏東縣四林國小校長李禮錦也分享經驗。他還記得剛開始在

校田實行友善農法，不少家長路過都會半關心半開玩笑地問：「這是種菜還是種草？」但校方透過與鄰里聊天，慢慢讓家長接收到校田的耕種理念與教育理念，刺激他們反思慣行農法對環境與健康的傷害。學校老師也把收成的有機南瓜拿來「做外交」，分送給到校園運動的社區居民，讓他們更能感受到學校的用心。

漸漸地，四林國小的校田成了學校與社區對話的橋梁。當教育獲得社區的認同與支持，家長也就更願意參與學校運作，集思廣益解決小班小校的資源問題。舉例來說，有身為蕉農的家長自願協助校田種植有機香蕉，並配合校田課程在學校開起一系列的香蕉課；也有賣有機烘焙食品的家長協助發想料理課，指導孩子把校田特色作物紅藜做成麵包，透過品嘗，比較天然食物與含添加物食品的不同之處。四林國小的創意課程加上社區資源的動員，為小校贏得口碑。李禮錦校長說：「屏東縣潮州鎮實施大學區制，近來四林國小的回流率很高，因素雖然很多，但校田也是原因之一。」

從校園到社區，一畝校田激發大人小孩的熱情，大家一起樂在其中，這不正是教育的真諦？

從保健室到校田的成長守護者

共學的大人　苗栗縣銅鑼鄉文峰國小校護馮雅惠

被孩子們暱稱為「田老師」的文峰國小校護馮雅惠，原本的工作範圍只在學校的保健室，但在神農計劃的影響之下，場景與角色悄然轉換，使得她不只照顧孩子們的健康，還照料校田裡的大小作物，並參與教學成為飲食課的設計者。

來到文峰國小的保健室，走廊上的洗手台旁種植著不少盆栽，這些盆栽都是馮雅惠閒暇之餘照顧的，而神農計劃顧問吳美貌老師也因此鼓勵馮雅惠可以成為校田的守護者。

從來沒有接觸過農事的馮雅惠表示，自己也曾經非常害怕田裡的蟲，但在參與校田農事的過程中，因為外部團隊的教學影響，她慢慢認識大自然裡的昆蟲而卸下心理障礙，不知不覺也喜歡上了校田。

因為校田的關係，激發了馮雅惠潛藏的「綠手指」能力，而

她也在地主農友周運發先生的指導之下，如今進步到可以挑戰種植毛豆、洋蔥、馬鈴薯等不同作物，「甚至也敢徒手抓蟲了！」馮雅惠笑道。她不僅陪著孩子從玩中學，還以照顧孩子的心情來照料校田。當田裡的洛神大規模生病的時候，她是第一線的「急救人員」；當孩子為了尋找病源啟動科展研究時，她更是扮演起輔導學生採集病根的「研究助理」。

漸漸地，馮雅惠從單純的護理師角色，變成了學校額外獲得的協同教學者。她憑藉著豐富的營養學知識與料理技術，與老師共同討論課程目標，協助設計飲食課的實作內容，培養出自己也意想不到的新技能！談起自己與校田共同成長的過程，她說：「雖然辛苦，但是有得玩！」她的內心有滿滿的成就感，更有說也說不完的快樂。

翻耘出一段感人的創校史

　　穿梭校田農忙的周運發先生，既是文峰國小校田的地主，同時也擔任技術指導角色；而他與文峰國小的深情淵源，也因為校田的關係，重新被建構起來。原來，周運發擁護神農計劃的初衷，乃是承襲了身為創校者之一的父親周仁炊先生的遺志。

　　周運發回憶，文峰國小所在的樟樹村，早期聯外交通不便，文峰國小最初只是銅鑼國小的分校，直到1967年才在當地人的努力下，從三間教室開始草創了獨立學校。在他的父親周仁炊發動下，村民利用農閒義務勞動，蓋教室、造操場，一點一滴把學校蓋起來。周運發回憶起兒時「早上上課、下午做工」的情況，笑稱自己就是父親的「頭號工人」。

　　創校是周運發父親的願望，而周運發身為創校者之子，心中也抱持著守護學校的想法，所以當文峰國小前來詢問租地種田

時，他二話不說便點頭答應。「這所學校是我爸爸堅持創辦的，他生前也一直交代，以後學校有任何困難就要盡量幫忙！」

　　文峰國小神農計劃的初期進展並不順利，主要是師生並無耕作經驗，加上工作心態不積極，使得洛神花田淪為「草田」，幾乎看不見洛神花的身影。面對失敗景象，周運發身為專業農夫，感到相當不忍。「我沒辦法對鄉親交代，別人都說笑話了！」大家都跟周運發說，以前他的田乾乾淨淨，「怎麼現在變這樣？」周運發愛惜田地，即使沒有工資，他親自數度下田砍草，「做農的人有種沒吃，沒看到收成會很痛苦。」甚至一度想撤銷合約，不把田地租給學校了。

　　眼見合作即將破局，在台灣好基金會與學校磋商之下，決定正式邀請周運發加入神農計劃，成為文峰國小專屬的農夫老師。於是，地主農與學校展開合作，學生直接與農夫接觸，實際了解農事工作的專業面，而校田在農夫的看守之下，也漸漸有了收成結果。

　　此外，周運發也加入鄉土教育行列。他分享各種農村知識與文化，帶領孩子體驗地瓜焢窯的樂趣，不知不覺靠著行動化解了師生對於神農計劃的抗拒，意識到自己必須捲起袖子下田，只有

靠勤勞才能獲得豐收的成果。

在與孩子的共學之下，周運發也漸漸放下慣行思維，學習與土地和平共生之道。而他日耕不懈守護父親願望的愛鄉之心，讓文峰國小重拾了一段感人的歷史，也意外地化危機為奇蹟，開創了文峰國小的校田新局面。

原來食神就在身邊！

共學的大人 苗栗縣銅鑼鄉興隆國小校廚「湛阿姨」

在興隆國小尚未啟動神農計劃之前，全校沒有人知道原來已在校服務八年的校廚「湛阿姨」湛碧園，竟是隱藏在校園裡的食神高手！未進學校服務前，湛阿姨原本從事業務相關工作，會考取中餐證照與廚師證照，主要是出於興趣，沒想到後來她進入學

校負責孩子們的營養午餐，也因為料理而成為一名教育者。

話說當興隆國小有了校田之後，老師與外部團隊帶著學生在田裡上課，希望打造出策略性教學情境，不過種植之後收成的作物，該怎麼延伸教學，往往是許多學校傷腦筋的事，興隆國小也不例外。

老師在幾次請益之下，發現在廚房工作的湛阿姨身懷許多功夫，她不但會包餃子、包餛飩，也能把芥菜醃漬成酸菜與福菜，甚至還會磨米，將一整顆白蘿蔔刨絲，然後拌和米漿與蘿蔔絲，炊成美味四溢的蘿蔔糕！不知不覺中，湛阿姨成了老師們的食材料理顧問，校田該種什麼作物，可以化為什麼料理，如何轉化成實作課程，學生能否獨立操作……，種種設計教學任務之前的評估工作，必定少不了湛阿姨的專業意見。尤其，這幾年以「蘿蔔」為種植主題，湛阿姨為了協助排除設備障礙，利用人脈向社區借到了磨米漿機，減少孩子學習困難度與挫折感，可以更完整體驗一系列的食農教育。

當教學場域不再局限於教室，當教育者不再局限於老師身分，學校行政人員有了校田做為舞台，也能發揮專長成為孩子們的學習對象。湛阿姨從前只是整天待在廚房工作，現在她與孩子

們打成一片，成為教學不可或缺的顧問。「走出廚房，我也是老師了！」湛阿姨承襲著母親傳下的料理天賦，也希望把所知的客家飲食文化傳給孩子們。

　　興隆國小成立樂齡中心之後，湛阿姨更不啻是老幼共學的最佳楷模。當她協助學校運作樂齡課程的同時，自己在教學上獲得的掌聲，也化為持續學習的動力。湛阿姨從一週五天的營養午餐菜單設計，到成為孩子們的料理老師，甚至成為興隆國小的伴手禮研發人，每逢佳節湧入的月餅與鳳梨酥訂購，更是讓學校應接不暇！此外，她參加「長期照顧十年計劃2.0」的料理大賽，更贏得去年度的銅鑼樂齡神廚，成了地方媒體爭相報導的對象。

Part 2

〔行動篇〕

造校田、用校田，好簡單！

三年級

校田裡的生活課

〔校田診斷〕

從無到有，
找出種菜好寶地

　　土地教育的困境該如何突破，最困難的問題還是在農事。依照專業農夫累積的學理與經驗，為學校需求特別歸納開田的方法，設計出節能與便捷的田間管理模式，化解新手老師的心理障礙，完全發揮校田學習的優點。這座沒有局限的立體教室，不用再聲聲催促，就能吸引孩子們自己搶著學起來！

　　不只是種植！神農計劃更希望推行「有機農業」，在遵循自然、友善環境、循環利用、多樣平衡、新奇趣味的五大原則下，學校選擇適時適地種植的作物，不使用化學肥料與農藥，而用農

作物殘渣、稻殼或是落葉來養田，採取輪作與混種方式達到驅蟲與校田美化，勾起孩子的興趣，拓展孩子的視野。

但我的學校適合開田嗎？一畝校田需要多大面積、要有什麼環境條件？該種什麼啊？千頭萬緒，起步最難。跟著校田診斷指南，從無到有，一步步做起，開闢校田好像也沒有想像中那麼不可能了！

偵探校園，發現寶地

所謂「有土斯有田」，要開闢校田自然要先有適合的土地，可以從土壤、陽光、水源、位置這四大條件來考量：

▶▶▶ **土壤**：找出沒有水泥或瀝青的無鋪面土地。

探勘校田的適合位置，第一步就是統計出沒有鋪水泥、瀝青、地磚的裸露土地，接著對各處的土壤狀況進行評估。

在校園土壤的偵探過程，常見「有地沒土」與「沒地沒土」兩大狀況。前者指的是土壤貧瘠不適合耕作，像是砂礫石比例過高或是校地為建築廢土回填等，可在原地覆蓋足夠厚度的栽培土

或資材，利用木頭、磚石或棧板築起擋土牆，避免下雨逕流使田土流失。至於後者指的是校地全被水泥或地磚等鋪面覆蓋，這時就必須考慮使用容器栽培或在校外租賃田地。

　　基於方便種植、照顧作物與學生的安全，建議優先考慮把校田設置在校園內，只有在土地面積不足或土壤無法改善的情況下，才考慮在學校外開闢田地。

▶▶▶ 陽光：觀察上下午的光照狀況。

　　避免有教室或是大樹陰影，否則會影響植物生長。

▶▶▶ 水源：有無鄰近的天然水源。

　　附近如有池塘、溪水、地下水、雨水回收系統等天然水源，可導引使用。若只能用自來水灌溉，最好增設蓄水曝氣池。

▶▶▶ 位置：動線是否方便教學，是最後必須考量的條件。

　　校田可分為兩種：沒長腳的固定式校田，以及有長腳的移動式校田。

　　固定式的校田最好選在孩子們的「舒適圈」，例如教室旁的花圃草皮、上下學必經的路線等。千萬別擺在校園的邊緣角落，

以免因為孩子們少去而荒蕪了！但也不要把校田放在孩子主要活動的空間，像是在活動激烈的球場旁設置校田，植物被球K到的機率自然高，就不容易長大囉。

沒有土地的學校，可以考量適合孩子活動的動線，利用花盆、花槽、不織布袋（美植袋）來打造可移動的校田。但切勿使用不透水的保麗龍，因為保麗龍的主要功能是隔熱，材質不僅不利植物根部透氣，而且可能釋放有毒物質。

也許有的學校會考慮搭建（溫）網室，好處是可以保護作物，但卻也會讓校田生態變得較單調，且容易有通風不良的問題。另外（溫）網室搭建成本高，一般來說也非學校負擔得起。

綜合考量以上條件，如此交叉比對出可能適宜的校田位置後，接著要對各地點的土壤與水源採樣，送往就近的地區農業改良場或農業試驗所進行檢測，排除水源污染或重金屬殘留等問題，如此一來，就可以開始規劃校田了。

 校田設計動筆畫

　　校田設計與傳統農田不同，主要規劃做為教學現場，孩子是學習的主體，所以田畦的寬度、長度、間距，都必須從小孩的需求來調整。畦面寬度要足夠讓孩子在兩側面對面種植，但又不可過寬、超過孩子的手臂長度；而田間走道也不能設計太窄，至少要能容許兩人側身通行，才方便老師巡視指導。

　　校田規劃以總人數可依「一班一畦」或「一年級一畦」來計算（田土堆高後用於種植作物的部分叫畦）。由於校田主要為教學導向，不像農田為生產導向，為了便利老師與學生互動，每畦的長度可以縮短，不像農田綿延數百公尺。如此一來，孩子可以面對面操作農事，而老師也方便近距離教學。

　　校田建議尺寸為田畦寬度七十公分，走道寬度七十公分，而田畦長度則為「每班（或每年級）總人數除以二」＊，加總全校需要的畦數以及需要的走道，即可推算出所需的校田總面積。

❶ 田畦：寬度七十～一百公分，讓孩子得以跟同學面對面種植、

＊一位孩子分配的照顧面積，是以孩子張開雙臂為直徑畫出的範圍，大約是一平方公尺。由於田畦設計為兩側種植，所需的田畦長度就是總人數除以二。

照顧作物，一邊種田一邊討論分享，就不會覺得辛苦乏味。

② 畦高：植物生長需要覆土三十公分以上，校田土壤層不足則必須造畦，畦的最佳高度約二十五～三十公分，避免大雨積水，植物的根部因為浸泡水中而發爛。

③ 畦向：畦要與季節風向呈平行，若呈垂直的話，作物要是被吹倒泡在溝槽裡，就容易腐爛死亡。

④ 走道：寬度七十公分以上，容許老師移動指導學生。

⑤ 排水口：進出水口要在走道兩端，不可在走道中間，水流出來才不會碰壁。

⑥ 地勢：田畦不要有高低落差，否則因為高度不平均，低的一邊就容易積水。

⑦ 土壤：土質鬆軟且蚯蚓多，代表土壤有豐富的有機質，是適合種作的土地。

⑧ 隔離帶：當校田位在校外，為避免校田受到慣行農法的鄰田污染，校田四周必須種植綠籬，作為隔離帶。

❾ 堆肥區：利用學校既有環境資源，自製校田的營養補給。例
如，在校田邊設置「落葉堆肥區」，把每日掃除的落葉分區集
中養成堆肥，而蔬果葉菜類和生廚餘也是可利用的好素材。

（本節口述／貓裡小學團 陳淑慧 整理／李佳芳）

選出理想作物，
栽種樂陶陶

　　有了校田，該種什麼？作物是想像、實踐、修正的最佳教材，找出引發孩子學習熱情的明星作物，讓農事體驗與學科發生關聯，寓教於樂，種田其實一點兒也不無聊！

　　翻開農民曆，每個季節適宜栽種的作物如此多，究竟哪一種比較適合讓孩子們栽種在校田裡？首先，考量校田並非專業農田，教學才是最主要的目的，所以具有教學啟發意義的作物，當然是最理想的選擇。其次，儘管收成不是校田的主目標，但種植的成果關係到孩子學習的成就感，所以不容易種植、太過挑戰的

作物自然不恰當，可是每一年都種同樣的作物，孩子又容易失去新鮮感，如何拿捏，簡直讓老師傷透腦筋！

 選對種子，種出信心

建議老師在考量作物的生長期時，要能夠配合學校學期制的作息，以「季節作物」與「特色作物」為兩大主軸，來挑選適合的校田作物；同時依照不同年級適合操作的難易度，分配種植的比例。

餐桌常食的葉菜類、瓜果或五穀雜糧，屬於季節作物；一年一收的果樹類、香草作物或是地方特產農作物，屬於特色作物。在季節作物之外，增加特色作物的用意，主要是為了跳脫短期循環，利用「跨學年種植」進行連貫的教學，讓課題討論具有延伸性。特色作物不但可以與鄉土課結合，也可以與國際觀相扣，在烹調料理與食品加工的應用多元。透過飲食拓展孩子的視野，通常很能刺激想像力與創造力，也有利於創造校際間的差異，打造學校的獨特性。

●●● 季節作物

＊特徵：限定二十週可採收的作物，可以在學期初播種或插苗，在寒暑假之前採收完畢。

＊指標素養：節氣生活、輪種農法、反覆練習、熟能生巧

＊建議作物：❶ 上學期秋冬天涼，葉菜類大爆發。宜種植豆科、旋花科、十字花科，例如：蘿蔔、高麗菜、白菜、青江菜、花椰菜等。新鮮採摘上桌，營養午餐直接加菜。

❷ 下學期春耕夏作，瓜果最討喜。宜種植茄科、葫蘆科，例如：茄子、甜椒、辣椒、九層塔、小黃瓜、絲瓜、番茄等，不少作物可連續採收，為成就感指標作物。

●●● 特色作物

＊特徵：跨學年種植、連貫教學。

＊指標素養：風土觀念、勇於挑戰、想像創造、培養耐心

＊建議作物：❶ 地方性作物適地適種，從土地認識故鄉。宜依

照各地農特產不同，選擇栽種。例如：苗栗的

杭菊、洛神、紅棗，高屏的鳳梨、香蕉等，部

落的紅藜與小米等。

❷ 世界性作物，非日常性，從土地認識世界。宜

在已多次重複栽種後或地方無特色作物時，可

選擇能與世界飲食文化對話的香草作物，例

如：薄荷、迷迭香、九層塔等。

貼 心 提 醒

特色作物的生長期長，挑戰性相對較高，倘若收成結果不佳，

容易打擊孩子的信心。所以通常建議局部面積種植特色作物，

搭配挑戰性較低的季節作物，以此平衡孩子的成就感。

選擇作物要與後續加工一併思考，老師可先預習演練，或事前

尋求在地專家協助，才能在忙碌的收成期順利開展課程。

中高年級較適合種植細嫩的葉菜類，低年級因力道控制不足，

建議選擇好入門、少病蟲害的淺根作物，例如蔥與韭菜。

上下學期作物建議水旱輪作，可以避免土壤病菌累積，也讓學

生有不同體驗。

不懂作物？只要懂孩子就行了！

看了以上的說明，還是很難決定要栽種什麼？不如換個角度，從班上孩子的特質開始發想！與其選擇要種看起來很厲害的作物，不如選擇最能激發學習動力的作物。老師也可用設計課綱的方法，鋪設出一段有條理的學習軌道，借力使力把教學目標放入校田。從自然課的種子、葉形、葉脈，到數學課的面積、倍數、成功率，都能悄悄與校田結合。在校田的時序更迭之下，學習伴有歡笑有淚水，印象自然更加深刻！

想想看，班上的孩子有什麼樣的特質，用什麼方式切入最能激發他們的學習動力？

▶▶▶ 小柯南型的孩子：用傳奇釣起好奇心

動畫裡的名偵探柯南，喜歡動腦筋。飲食與文化息息相關，不少鄉土作物背後都有許多故事，老師可以多加利用。例如來自中南美洲的洛神，命名可聯想中國《洛神賦》；來自東夷古倫國的空心菜（蕹菜）則與《封神榜》息息相關。帶領孩子從文學世

界抽絲剝繭，誘發他們的好奇心，解鎖植物的身世之謎。

▶▶▶ 小智型的孩子：在田間大玩寶可夢

《精靈寶可夢》裡的小智，在旅途中優游自在。校田可以是校園裡的一處風景，從土壤到天空藏著許多昆蟲與動物，特意種植開花作物或蜜源植物，更能夠誘蜂、誘蝶、誘鳥，讓孩子在田間觀察記錄、進行抓寶活動，可與自然課或美術課結合。

▶▶▶ 小鳴人型的孩子：用吃啟動學習查克拉

《火影忍者》裡的鳴人，最期待查克拉（動漫中指施展忍術的能量來源）練習課後的美味拉麵，因為食物撫慰了學習的辛苦。俗話說，「玩」不用學，所以從玩樂的角度出發，可降低孩子對於種田的抗拒。例如為期末電影會的爆米花而種玉米，為校慶賣蔥油餅而種蔥，為母親節香氛賀卡而種植香草，透過飲食分享也能改善家庭關係，學習感恩回饋的素養。

（本節口述／貓裡小學團 陳淑慧 整理／李佳芳）

\ 2-3 /

〔農事工序〕

墾前預習，
新手農夫不必慌

　　上數學教英文，老師最在行，但是說到種田，該怎麼教啊？學做新手農夫的老師、小朋友不要慌，透過從零到有的重點工序總整理，可以做最有效的墾前預習。

　　校園農業教育的用意，主要是讓孩子體驗親手種植，用放鬆的方式學習生活知識，並養成一顆懂得感恩與分享的心。在友善環境的觀念下，可以選擇自然農法、有機農法、無毒農法等方式，但是否要徹底採行古法（此指為維持土地純淨，嚴苛限制，連廚餘堆肥也不用的自然農法），顧及教學目的與學習成就等因

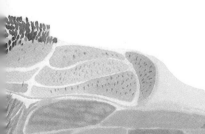

素，是可被商榷與調整的。農業如同科學，是一門與時俱進的學問，貓裡小學團的農夫老師陳淑慧認為，「種田不再是傳統辛苦的形象，耕種也不只是種在土裡才算。」無論選擇何種農法，或加入現代化觀念，農業的本質並不改變，對於作物照料、土地養護、生物觀察等，孩子所體驗到的都不會少。

校田新手的墾前預習單

●●● 一、養地（覆草）：保育土壤，蓄積養分

▶▶▶ 【時間】：學期末至寒假或暑假期間

養地（覆草）是農事工序的起點，也是為未來做準備，為豐收蓄積能量。歷經一年種植，農夫在歲末以稻梗、穀殼細密覆蓋在土壤上，就像為辛勤孕育作物的大地，蓋上溫暖的被子，休眠復育養分，等待來年春耕。

每當學期採收結束，在迎接寒暑假、離開學校前，老師和學生們記得先整理好校田，好好翻鬆田土，在田土上仔細覆蓋落葉堆肥，讓校田可以舒服睡個好覺。

覆草的第一階段，是使用綠肥植物（常見台南四號青皮豆、油菜子、紫雲英、魯冰花、太陽麻、向日葵、波斯菊等）或稻草、稻殼、水、蔬果殘渣堆肥等材料。首先要翻鬆土壤，撒播綠肥植物的種子，引水淹灌田地（若是旱地，綠肥種子須混拌培養土或粉狀肥料，澆水濕潤靜置一夜才能撒播）。第二階段，則是等待綠肥植物成長，在未開花之前，翻耕拌入土壤裡，才能蓄積土壤的氮肥養分。

　　另一種方法是不播撒綠肥種子，直接覆蓋稻草或稻殼保護土壤。覆蓋稻草或稻殼可以阻絕風吹日晒雨淋使得土壤硬化或養分流失，配合澆水或雨水濕潤，加速有機質的腐熟，促進土裡有益微生物的繁殖，幫助發酵分解綠肥植物的殘株，補充土壤的養分和有機質，保持土壤鬆軟與活性，等待下個產季再次翻耕種植。

　　特別要注意，休眠的校田也必須要澆水，可請警衛或工友先生以及住附近的老師輪流，每週給水一至二次，讓土壤保持濕潤，土壤裡才有豐富的微生物分解堆肥，把校田養得又肥又沃。如果寒暑假學校人力不足，無法照顧休眠的校田，可以考慮安裝自動灑水器！

••• 二、育苗：細心呵護，打好基礎

▶▶▶ 時間 ：農曆年後或九月開學前二至三週

即刻動手準備校田上課的「教材」，在花市、園藝行或農藝用品店很容易買到的種子和穴盤＊是育苗的好工具。先將種子培育成小苗，由小朋友移株到校田定植栽種。

育苗工序的用意，是給予幼苗期的作物合宜的生長環境，強健幼苗的生命韌性，在移植田土前先打下基礎，提升種植的成功率，是確保收成的重要一步。

若是無法先行育苗，可事先詢問在地有機農場協助育苗。倘若在開學第一週才進行育苗，可以依據作物曆推算好作物的生長期和採收期，是否可以對應到配合學期課程要觀察的內容、能否趕在學期末採收，進行收成之後的料理或品嘗等延伸活動。

＊穴盤為育苗專用的小型容器，一整盤上布滿了許多凹槽，必須先填入適合種子發芽成長的栽培介質（視作物不同混合不同材料），在每個凹槽撒入2～3粒種子（視作物不同而定），穴盤育苗有利幼苗獨立生長互不影響，增加發芽成功率。除了穴盤育苗技術，無性繁殖的扦插法也是育苗的一種，好處是可以提高作物存活率，又不浪費種子。

●●● 三、整地：做畦鬆土，營造環境

▶▶▶ 時間 ：開學前兩週

育苗期間，沉睡已久的校田也差不多該被喚醒了！作物栽種前，去除土壤的雜草和小石頭，接著撒上堆肥以及顆粒狀的有機肥料後，與校田土壤混拌翻面打鬆。鬆土的動作是為作物創造最好的生長環境，讓根能夠順著土壤的空隙伸展，順勢吸收養分，成長茁壯。

校田面積較大的話，此工序可以請合作農場或農友一起幫忙，用中耕機均勻混拌土壤，再均勻澆水、餵田喝水，使肥料緩慢釋放肥分。大約經過兩週時間，土壤達到最豐沃狀態，剛好苗也育好了，此時栽種，最容易成長。

●●● 四之一、播種：人海戰術，有備無患

▶▶▶ 時間 ：開學第一週

通常細小、生長期短、粗放的雜糧或根莖類的作物適合直接在田裡播種，可以省略育苗工序。播種常為了確保發芽而多放幾

粒種子，待淺植到土裡的種子長出本葉後，再把長得太密的幼苗拔掉，留下健康的幼苗在足夠的空間長大。

●●● 四之二、定植（斜插）：穩定根系，快速成長

▶▶▶ 時間 ：育苗二至三週後

將成熟的幼苗移植到土裡，就是定植。因為根系已經發育良好，入土後可以快速生長。有些根莖類（地瓜或馬鈴薯）當薯體長出芽眼，或是取蔓藤斜插入土裡，也是種植的方法之一。

定植前，校田要先打好田畦（參考2-1的校田設計方式），定植是攸關成敗的重要步驟，專家提醒三個小技巧需注意：

＊挖洞鬆土：植入幼苗的位置，向外圍、向下多挖鬆，攪拌土的動作即是鬆土（像攪拌剉冰），可以幫助根系向下發展。鬆土後挖洞的深度，要比苗根系的長度多一倍，放入的深度只要剛好埋入根部就行。以菜苗種植為例，教學時會具體告訴小朋友挖「碗公」大小的洞，正好是菜苗根系生長需要的範圍，而挖洞深度會再回填一點土，到適合菜苗根系的高度時，才把菜苗放進定植。

＊定植覆土：將幼苗放入淺洞覆蓋根系時，要將手掌和手指凹成弧形扶著幼苗，再像蓋棉被一樣輕輕地覆土，保護幼苗的嫩葉、嫩莖不會折損，但請注意不要覆蓋太多土，也不要壓土，以免壓壞了幼苗或讓幼苗歪斜。

＊澆水追肥：定植後作物根系會快速發育，約兩週就能進行追肥，為了補充幼苗成長需要的營養，就像寶寶喝牛奶一樣，此階段澆灌以容易吸收的液肥為主。生長期較長的作物，例如蘿蔔、地瓜，則可以在成長約三至四週時，施撒粒肥，緩慢釋放肥分。

●●● **五、田間照顧：水光風草蟲，理田五大要**

▶▶▶ 時間 ：整學年

　　常常聽農人說要去巡田，究竟巡田是要巡什麼呢？其實就是田間照顧，主要是觀察植物的生長狀況，給予適當的照顧與處理，確保植物可以順利長大，老師可利用晨間活動時間或綜合課時間，帶領孩子巡田。

　　田間照顧是作物能否順利長成的關鍵，持續、有效的處理田

務，保持通風和正確給水、施肥，鋤草驅蟲降低疾病發生，既鍛鍊體力與毅力，又陪伴作物成長，是最甜蜜的負擔。以下是由農夫老師整理出的田間照顧備忘錄：

＊澆水：不同作物需要水分不同，少量多次是最好的模式，澆水務必靠近根部輕輕噴灑。採收前須減少水分供應。夏季需要早晚澆水，冬季時大約一天澆一次水即可，田地的水分蒸散慢，用手觸摸土壤有濕潤感，即可減少澆水次數，大約兩到三天澆水一次。澆水的最佳時間點是在清早與下午三點左右，切勿在天黑後與正中午進行。夜間澆水氣溫較低水分蒸散不易，容易感染病菌，中午澆水則是日曬太強，容易使水升溫而燙傷植物。

正確澆水的方法是，花灑定點在覆蓋植物根部的土壤，澆水約五秒鐘，千萬別灑在嬌嫩的葉片上，可以用手指撥開土壤，檢查是否徹底濕潤，確保根系可以吃到水。

＊光照：不同作物需要的光照量不同，耐蔭作物可選擇靠近樹或建築物陰影。

＊通風：作物種植要保持通風性，不能過密，造成光照不足滋生

昆蟲、真菌或細菌類微生物，使作物生病。

＊鋤草：適當拔除作物根系周圍的雜草，避免競爭養分與光照，而寄生性的雜草，像是菟絲草、小花蔓澤蘭等，則會侵入作物組織，造成損傷。

除了注意去除雜草外，也要注意適時修剪作物。在作物的生長階段，老去轉黃的葉片，或是染病的枯葉，必須要用剪子去除，不可用手硬拔，以免增加植物傷口，引起病菌入侵。如果植物抽高的速度太快，很可能是光照不足或是施肥過多，需要格外注意。倘若作物的莖幹較軟，可以增加竹子等支撐物；而像是瓜類作物如出現浮根（根部外露），可能是土壤沖刷或表土不足，可在植株周圍增加覆土，保護植物的根部。

＊除蟲：發現植物成長不良，若是營養不足時可施以液肥，若是蟲害則必須除蟲。一旦發現葉片有蟲咬痕跡，必須開始著手除蟲工作。（無法判斷時，可以採集或拍照，請農業改良場的專家或是地方上的植物醫生診斷。）

校田採取有機農法不傷害作物與土地的各種驅蟲方式，如作

物阻隔、人工捉蟲、黏蟲紙等方式。倘若蟲子真的太多，也可自製「葵無露」（葵花油與洗碗精，以九：一的比例混合）稀釋成五百倍水噴灑在葉片上或背面，或是在校田放置友善環境的生物防治資材。

●●● 六、施肥（追肥）：營養均衡，適時適性

▶▶▶ 〔時間〕：定植長出新葉後，可視情況追肥

當土地的養分不足時，就要施以肥料，補充營養。或者，根據作物在不同時期生長，表現出的元素缺乏症，給予適當的營養補充，幫助順利長大苗壯。通常，超過五十天生長期的作物，種植大約七天後，作物根系開始發育，成長大約兩週左右就要開始追肥、為作物補充營養。此時主要澆灌容易吸收的液態肥，快速補充成長所需營養。另外要注意，在反覆澆水的過程中，土壤容易下陷、變得密實，追肥時記得再做一次表面鬆土與覆土，讓苗可以透氣呼吸，或是在植株周邊覆蓋落葉防止澆水衝擊。倘若整田的成效好，作物生長狀況不錯，也可以省去追肥。

●●● 七、採收：掌握時機，最佳採收

▶▶▶ 時間 ：學期末（依各作物成長週期不同）

　　採收是農人辛苦耕植的結果，也是大自然對人類生活的回應，讓我們敬天愛地感謝農人。如何判斷採收時機，可參考有機農業單位提供的「栽培作物曆」，以推算最好的採收日期，才能取得營養最佳且口感最好的作物。待時間接近時，仔細觀察狀態，判斷作物是否已經成熟可採摘。倘若無法目測判斷成熟度，也可以用觸覺輔助，像是摸摸玉米穗粒是否飽滿，折看看菜葉是否清脆，過老與太嫩都不適合。另外，作物採收之後，要注意適度冷藏或保存，延長食材的保鮮期限。

（本節口述／貓裡小學團 陳淑慧 整理／李佳芳）

〔補配系統〕

自製堆肥，
化身小小神農

　　農事工作不只在田間，為了照料作物，老師小朋友可以利用校園環境的條件，自製堆肥，由此衍生的補配系統，可以帶領孩子學習友善環境的生活態度，也是食農教育的一環。

　　作物生長會消耗土地的養分，為了保持土壤沃度，可使用天然資材，為校田進行日常保養。例如，在田畦上鋪一層薄薄稻稈，像幫校田敷面膜，幫助土壤保濕，平衡土地溫度，讓作物不被烈日曬暈頭。田溝部分，雖然沒有作物，但雜草與泥濘容易干擾農事工作，可鋪撒木屑、落葉、松葉等；附近若有碾米廠或養

菇場，也可以詢問是否有稻穀或太空包木屑可以提供使用。

有的校地土質不見得適合種作，必要時得施灑肥料補充養分，儘管市售的有機肥料產品多元，但建議利用校園環境，教導孩子自製天然堆肥，累積生活智慧。

化腐朽為神奇，改善校田體質

以下介紹的天然堆肥製作方法從簡單到困難，老師可以同時結合主題式學習，帶領小朋友分別實行：

●●● 落葉堆肥

▶▶▶ 挑戰度：簡單

▶▶▶ 製作方法：在校田旁搭棚設置落葉堆肥區，把日常掃除的落葉集中。

▶▶▶ 運用概念：落葉堆澆水會滋長真菌，進而分解有機質，形成堆肥。

▶▶▶ 應用方式：休耕時混合土壤，或耕作時做表面覆蓋保濕。

••• 蚯蚓堆肥

▶▶▶ 挑戰度：中等

▶▶▶ 製作方法：設置蚯蚓飼養箱，餵食食物殘渣、廚餘、落葉等，使蚯蚓消化有機物排出便便作為堆肥。

▶▶▶ 運用概念：利用蚯蚓的飲食習慣，消化分解有機物質成為肥料，可以觀察到生態循環的過程。

▶▶▶ 應用方式：種植前混合土壤或追肥使用。

••• 廚餘堆肥

▶▶▶ 挑戰度：困難

▶▶▶ 製作方法：把葉菜殘渣、果皮、廚餘倒入桶中，加入酵素分解後，產出液體可當液肥、固體可以施肥或培養腐植土。

▶▶▶ 運用概念：廢棄物利用微生物分解成較小分子，利於作物吸收養分，可以加速堆肥的形成，也是有機農業常用的專業堆肥法。

▶▶▶ 應用方式：當成基肥、追肥。

●●● 廚餘堆肥再進階：寶特瓶快速液肥

取兩公升容量寶特瓶，把淘汰蔬果切碎丁，塞入寶特瓶中，注入一公升清水以及一百二十毫升的黑糖水或紅糖水，蓋上瓶蓋均勻混合材料，每五天開蓋攪拌排氣，經三個月時間發酵即完成。再稀釋五百至一千倍使用。

要把校田種得漂亮，需要全校同心齊力，各年級善用環境資源，學習用不同方法，製作出校田需要的堆肥，在營造美麗校田的過程，不正是一首「合作」的練習曲嗎？

（本節口述／貓裡小學團 陳淑慧 整理／李佳芳）

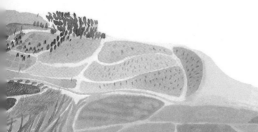

〔支持系統〕

左鄰右舍一起來，
守護作物好收成

　　沒有人天生就是綠手指，即便是種作多年的專業農夫，也不見得熟知各種農作物的特性。當校田遭遇無法克服的困難時，隱藏鄰里的大內高手，就是學校最好的後盾。

　　在展開校田前，可先搜尋地方上的有機農夫組織，其次則可詢問在地有機農場，是否有意願支持校田，協助整地、育苗、加工等工序。另外，學校所在的社區或村落，曾有種作經驗的長者，也可以透過在校就讀的孫兒，與學校建立互動關係，成為校田最棒的守護者。

　　全國性或地方性組織有負責研究的農業改良場、深入教育的四健會，而各縣市政府也有聘請植物醫師，各地資源都整理在行

政院農委會「食農教育資源平台」網站，可提供土壤檢測、土壤改良、病蟲害等專業諮詢。

從校內連結到校外

無論學校與哪種類型的支持系統合作，務必溝通的大原則是：校田經驗不限縮在農事，作物思考要以「教學」出發，而非站在「經濟」角度抉擇，教育與農業兩大專家攜手，彼此都要放下制式觀念，用柔軟態度擁抱挑戰。

反過來看，不只是學校需要地方農業支援，地方農業也同樣需要學校的支持，成為彼此的力量。當校田的有機農業透過孩子深入家庭，從而改變大人的飲食習慣，就拉近生產者與消費者的關係。

一畝校田可發揮多重功能：提倡有機農法、建立正確食育、傳承農業技術、嘗試多元作物……，老師、小朋友加上地方農夫，一起在校田裡滾動出不同的學習經驗，有時地方農夫還可與學校共同行銷，促成小型農業消費合作社，那便是「校田衛星基地」的終極目標！

四大指標戰力分析表

凝聚力

學校與社區離得不遠，但常常彼此不相識，這也是學校成為社區孤島的主因。透過校田找到熱心的農夫爸爸、農夫媽媽或農夫爺爺、奶奶，當教學與地方的合作關係形成，校園事務不乏協助者，社區也會跟著活絡。

有機力

提出合作之前，務必確認農場施行的農法是否理念相同，倘若是採行慣行農法（指有使用農藥與化學肥料的栽培方式），種作經驗與有機農法或自然農法相去甚遠，容易出現觀念或對話難以聚焦的問題。

校田主要面對的是孩子，老師可以協助農夫專家善用「借喻」手法，把艱澀的農業技術轉化為孩子能理解的用語。例如：把覆土形容為「蓋棉被」、把定植穴洞大小形容為「碗」等，將農事工作與日常生活結合起來。

柔軟力

有機農夫組織就像豪華大總匯，聚集著不同類型的專業農夫，有種稻、種蔬菜、種花、種水果等等，無論學校想輪作哪種作物，都能找到相對應的知識與技術提供者。

〔收成之後〕

我種菜你來吃，
共享豐收好滋味

　　經過整學期的努力，終於迎接豐收時刻，坐擁滿滿農穫，真是既開心又擔心！除了快點吃進肚子之外，還有沒有其他方法可以延長賞味期？

　　作物應用主要可區分為三大類：「鮮食」、「加工」、「副產品」。所謂鮮食即是趁新鮮烹調品嘗，可以讓孩子帶回，與家人同享親手栽種的成果，或者交由校廚料理，為學校營養午餐加菜。最有趣的方式，莫過於結合主題式學習，由孩子從親手栽種到發想設計菜單，最後動手完成一道料理，一場場有趣的驗收大

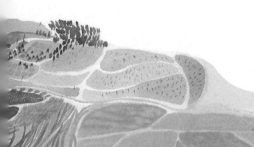

會超展開。苗栗興隆國小種植蘿蔔，從曬蘿蔔乾到做蘿蔔糕，發展出一系列的體驗課程；屏東潮南國小選定的特色作物為香草，不僅種植，也針對作物展開料理研究。學期末的全校料理大賽上，孩子們從討論菜單、切菜備料到掌爐，各年級使出看家本事、分工合作，把創意落實在餐盤上。

 發揮巧思，延長賞味期

　　倘若盛產無法靠鮮食消耗完畢，則必須運用乾燥、醃漬、發酵等加工技術，延長農產品的賞味期限，甚至發展成為可長期保存的產品。例如，苗栗文峰國小把洛神花加糖醃漬做成蜜餞，也曬乾成為花茶原料；苗栗中和國小則研究家鄉特產作物地瓜，發展出有創意的地瓜抹醬。

　　再者，還可以加入「全食物運用」的觀念，將原本視為農廢棄物的部分，加工成為有價值的產品。像是曬乾玉米鬚作成時下流行的健康茶、蘿蔔皮醃漬成小菜，不能吃的副產品則有柑橘類果皮作成環保清潔劑，收集絲瓜藤的水分作成絲瓜水，過熟絲瓜

曬乾成菜瓜布或當作勞作課材料……，當商品結合文創課，孩子幫助學校推出「自有品牌」，在校慶、運動會、園遊會或地方市集上架，甚至可以連結到產銷系統與當地企業，賺取所得存入共同基金，補貼弱勢同學的營養午餐、高年級的畢業旅行、回饋學校添購教具等，無論轉換成何種形式的「分享」，孩子清楚知道自己具備「給予」的能力，也在施與受之間更懂得珍惜與感恩。

校田學習也是在替未來鋪梗，孩子從小討論農產品的各種可能，學習解決問題的各種能力，有朝一日當他們面對人生挑戰時，得自校田所鍛鍊的素養能力，將讓他們對於問題充滿想像力，可以自己創造出許多發揮的空間！

採 收 注 意 要 點

❶ 作物採收不可整包放冰箱，必須要先整齊排放在籃子裡，讓作物靜置散熱後，才可包裝冷藏。

❷ 生病作物千萬不可用於堆肥，容易造成病菌擴散，傳染影響下一季收成，最好處理方式就是全株砍除曬乾燃燒滅菌。

〔學以致用〕

一畝田
怎麼變出校定課綱？

　　校田成功的關鍵，可分為內部因素與外部因素來討論。內部因素指的是學校自身如何組建堅強的教學團隊。台灣好基金會七年觀察下來發現，有辦法運轉神農計劃的學校，大多都要有支持者、推動者、守護者三方組成的「鐵三角」。

　　所謂支持者，通常是要有一位認同理念的校長，推動者則是熟悉學校行政且願意熱血實施的主任，但最困難的就是要為校田找到守護者。守護者的工作是負責日常巡田，既可彌補孩子沒有足夠時間照料校田的限制，也可減輕教學老師的負擔，甚至協助

老師發展課程。守護者可從學校行政人員挖掘，校廚、護理師或地主農，都是潛在對象。

外部因素指的是學校以外的支持系統。為了建構有知識含量的食農教學方法，農夫老師、外部團隊、社區老師，三者共同加入滾動，可讓新課綱推動更順利。

首先，農夫老師扮演著極為重要的角色，必須要懂得與教學老師配合，所以光是專業農夫並無法滿足需求，最好是尋找「具有知識背景」的專業農夫，從某領域轉行從事友善耕作的青年農夫，通常是很不錯的選擇。傳統課本教學方式無法因應新系統，為了給學校老師帶來新的刺激，引進實驗性質的外部教學團隊，可以有助於建構跨領域學習課程。此外，外部團隊也可能在社區，學校藉著校田認識社區，找到具有專長的家長，他們也能成為孩子的學習對象。

神農計劃經過七年的實施，確實為教育現場帶來不一樣的風貌，影響不少學校結合108課綱，發展出自己的校訂課程。以苗栗縣文峰國小與屏東縣潮南國小為例，這兩所學校已發展出一到

六年級的完整課綱，更進一步朝向素養考題或是自編教材的進階
目標邁進。文峰國小與潮南國小的寶貴經驗分享，是有意願加入
或新進學校最好的學習對象。

經驗分享一

全校閉關練功一年，
設計出1120節教案

分享學校　苗栗縣文峰國小

　　文峰國小位於苗栗縣銅鑼鄉的樟樹村，是個僅有六個班級、
瀕臨廢校危機的迷你小學。2014年台灣好基金會為學校租下大門
對面土地公廟旁的三分農地，種下百餘株洛神花，展開史無前例
的神農計劃。但在開田的第一年，文峰國小受限於技術門檻與慣
性思考所制約，進展有限，經過一段低迷，眼見理想就要觸礁，

所幸在校長詹建華與教導主任詹偉宏的溝通下，全校老師痛下「苦修」一年的決定，最後一口氣產出六年教案，終於長成燦爛的課綱規劃！

　　這是一段從荒蕪到豐盛的過程。身為神農計劃前導學校之一的文峰國小，曾經陷入自然農法耕作難度高，而毫無收成的重磅打擊，反對聲音此起彼落。台灣好基金會並未強力介入，只是耐心觀察聆聽與陪伴，並適時提供引導及學校欠缺的資源系統。教導主任詹偉宏談起計劃之初的艱辛，仍記憶猶新：「學校當時的師資平均是十七年，每位老師都有慣性思考與教學法，短時間要讓他們脫離舒適圈，老實說非常困難。」

因材施教激勵老師

　　校長詹建華上任一年後，校田實作步上軌道且收穫豐碩，他懷著讓文峰國小轉型，成為十二年國教前導學校的治校熱忱，期望全校老師一起努力，以神農計劃打下的基礎，發展108課綱。然而理想與能力要能銜接、達到平衡，畢竟不是件容易的事，尤其詹偉宏主任非教育專業背景出身，如何逐一說服老師，讓他們

與校長達成共識，對他來說頗傷腦筋。

想辦法激勵老師，是必要的做法。「我以前是軍人，不擅長教學，但卻擅長擬任務，所以我首先賦予每個老師不同任務，要求不論班導師與科任老師都必須下田。」可想而知，起初遇到的排斥心理有多強，「老師都很憂鬱，」詹主任坦言。但為了發揮老師的教育專業，他決定先起頭做範例，藉著拋磚引玉的動作，引發老師去思考如何把校田應用在第一線教學。

於是，他依據「橫向的統整」與「縱向的連貫」，先把課程架構搭好，再讓老師們從「填課綱標題」做起。所謂「橫向的統整」，即是課綱內容必須整合語文、數學、自然、社會；而「縱向的連貫」即是同一主題在一到六年級持續連貫，但探索的難易度或深淺度有所不同，孩子升了一個年級，不僅複習從前所學的知識，又同時加深加廣探索，學習動能可猶如向上螺旋，不斷延伸擴大。

詹主任表示，由於校長希望課程設計要「有所本」，鼓勵老師經過思考內化，再設計出課程內容，「儘管這麼希望，但老師

們都有自己的專業與自信，推動者要時時記得不過度干涉專業，而是要站在協助專業者發揮的角度去思考。」詹偉宏主任常形容自己是「搭鷹架的人」，而老師則是「內容的發展者」，就是這個意思。

不過，如果遇到有的老師不見得能理解課綱架構的邏輯，詹主任也會適時援助：「克服阻礙的撇步就是幫忙，我來設計架構、幫忙想標題，他去填寫內容。視老師的能力因材施教很重要。」

腸枯思竭擬教案

有了標題，課程內容就隆重登場。詹建華校長希望老師從一年級的課程就帶入總課綱強調的「三面九項」核心素養＊，在前述橫向與縱向的邏輯下，架構出一到六年級都「不重複」的課程內容。「我們設定六個年級的班級老師，以及資訊與英文兩位科任老師，每人都必須設計一到六年級的教案，而六位班級老師每

＊核心素養分為自主行動、溝通互動、社會參與三大面向，並再細分為九大項目，包括：身心素質與自我精進、系統思考與解決問題、規劃執行與創新應變、符號運用與溝通表達、科技資訊與媒體素養、藝術涵養與美感素養、道德實踐與公民意識、人際關係與團隊合作、多元文化與國際理解。

個人更必須產出三條一到六年級串連的課綱軸，所以總共設計了1120節的教案，」詹主任說。

當時，詹建華校長與詹偉宏主任為了一口氣把所有課程設計好，於是規定全校老師在每週三下午參加三小時的研習活動，大家輪番提出課程點子，其他人幫忙檢視內容，給予建議，不斷修正調整。

所有課程內容都透明的好處是，可以幫助老師連貫思考，尤其六年級的課綱定義了「目標高度」，課程必須要融合學生所有的知識，像是各家武功合流，各年級的老師因此可以反思，自己設計的內容是否能夠銜接、向上螺旋；而資訊與英文老師也比較理解怎麼配合高年級的最終目標，結合知識面與技術面的內容，打造孩子未來可以應用的課程。反之，低年級的老師可以憑藉第一線教學的實際經驗，從六年級的課綱回推，判斷學生的起點素養是否足夠，也能給予高年級課程許多回饋。在自由發表意見的氛圍下，滾動式的教學內容自然而然形成。

走過危機迎來花開

從無到有一路走來，詹偉宏主任親眼目睹不少同仁假日還把厚厚的教師手冊抱回家啃讀，繼續與課綱奮戰的模樣，不禁發自內心感慨：「沒有拋家棄子的苦，但有腸枯思竭的愁。」整整花了一年時間，老師們把標題填好，把內容放進去，清清楚楚列出每節課，頓時大家也就豁然開朗，不再恐懼108課綱了。

緊張時刻過去，迎接開花結果，那一年是文峰國小的危機，卻也是轉機。

從孩子的視角出發，
四個課程軸玩出創意教學

分享學校 屏東縣潮南國小

　　站在潮南國小的校門口，就能看見校田裡的玉米長得直挺精神，環繞在外型貌似台灣的生態池周邊，有各年級小朋友種植的菜園、開著小花的香料植物群，澳洲茶樹下還有一座迷你小巧的獨居蜂旅館。這些有別於傳統校園的草地或花圃、高低錯落的植物景觀，充滿色彩與豐富氣味，在在顯示這所國小的與眾不同。

　　五年前潮南國小應邀加入神農計劃時，台灣好基金會邀請屏東四所小學校長前往苗栗的神農小學參觀交流。林秀玲校長聽完第一所小學分享後，靈感泉湧，她已經在腦子裡想像潮南國小的校田和架構，並填入108課綱的雛型，把校田結合十二年國教的素養導向，發展出一套以學生為中心的「翻轉教學」系統。

　　但是林秀玲校長根據以往學校執行計劃的經驗，考量到參與

神農計劃後，校田農事需要專業人力支援，同時也為了協助學校老師在教學上能跳脫慣性思考，她決定尋求外援、聘任兩位「理念老師」協助進行神農計劃。

「翻轉要從老師開始，」林秀玲校長深信唯有第一線的教育工作者先改變，才能有不一樣的教學成果。她認為兩位理念老師就像「一張白紙」，不受傳統的教學方法束縛，加入後可以站在孩子的立場思考，提出激盪老師們發想創意的點子。

七人小組共備跨領域主題式教學

「第一年從無到有，是最痛苦的。」林秀玲校長坦言。潮南國小在最初的開田之際，也曾面臨種種艱難，考慮到校園的設計，遲遲無法找出適合的校田位置，直到最後終於大刀闊斧，決定把校田放在校舍主動線出入口的位置，讓孩子們每天一走進校門就能看見校田，顯示出潮南國小有意把神農計劃當成教學主軸的決心。

第一年試行神農計劃，潮南國小幾乎是全校總動員，參與者有兩位理念老師以及五位行政老師組成的「七人小組」，大家透

過「共備」，一邊在校田實作、一邊產出教案內容，攜手建構跨領域主題式教學。

起初，老師們在上、下學期各設計了主題週，例如上學期是「認識香草」，下學期是「魚菜共生」，然後利用主題週教學內容結合課本，帶入語文與數學等學科知識。「可是每個年級的喜好不同，教學重點也不同，試驗之後發現課程太過發散，」林秀玲校長說。

所以，在第二年度的神農計劃，老師們決定嘗試另一種方法，把課綱架構組織收斂為四個課程軸，分別為：認識校田作物與香草多樣性的「望草知香」、理解人與生態關係並培養探索力的「蟲語花香」、建立健康飲食觀與料理能力的「香食園蔬」、激發創造力與產業永續力的「品香草創」，而每個課程軸都上下貫穿低、中、高年級，分別有不同的學習任務（見表）。

在望草知香課程軸，主要任務是把農業知識融入在語文、自然、生活、藝文等領域的教學，孩子從照顧植物、認識病蟲害、理解吃當季的概念。在蟲語花香課程軸，則是結合「舞春食農

●●● 潮南香草食・神 課程架構

課程願景	品香知草識童趣	生態永續遊校田	食農教育展廚藝	在地產物創新意
理念	認知香草、畫説香草	探索校田、永續生態	低碳健康、生活技能	創造產物、文創市集
課程主軸	望草知香	蟲語花香	香食園蔬	品香草創
目標	認識校田的作物、了解香草多樣性	理解人與生態關聯、培養生態探索能力	建立健康飲食觀念、學習食材料理能力	激發創作發想能力、創發產業永續經營
融入領域	語文、自然生活、藝文	自然、綜合生活、藝文	自然、社會綜合、生活藝文	語文、社會自然、綜合生活、藝文
課程單元	低年級： 童顏童語認香草、童言童語識季節 中年級： 樂畫香草繪圖鑑、樂畫節氣賞詩詞 高年級： 滔滔不絕説香草、娓娓不倦説節氣	低年級： 多元生態嬉遊記、小小鳥兒追蹤記 中年級： 細説生態陸海空、細説裝備賞鳥趣 高年級： 生態循環護校田、鳥兒保育護生態	低年級： 拜師學藝當二廚、廚餘堆肥真環保 中年級： 健康料理是主廚、蚯蚓堆肥最天然 高年級： 創意五心米其林、落葉堆肥超便利	低年級： 香草手作找童趣、香草美食找童心 中年級： 香草藝品玩創意、香草雜貨玩新意 高年級： 香草故事佈校園、香草行銷闖市集
課程評量	口語表達 任務學習 創作發表 觀察體驗記錄	口語表達 任務學習 創作發表 觀察體驗記錄	心智圖 口語表達 任務學習 料理實作	口語表達 任務學習 創作發表 行銷體驗

工作室」與「城市方舟工作室」等外部團隊，在自然、生活、綜合、藝文等領域，從植物的知識延伸探索到動物知識，帶領孩子認識陸海空三種生態的昆蟲。香食園蔬課程軸則是在自然、社會、生活、綜合、藝文等領域，引導孩子針對食農教育發想，就指定食材展開研究、發展出食譜，並從料理延伸到廚餘，又結合了校田的三種堆肥教學。至於品香草創課程軸，則是橫跨語文、社會、自然、綜合、生活、藝文等領域，藉由探討食品加工議題，導入外部團隊或社區資源，帶領孩子發展出各種校田創意商品，例如：洛神花蜜餞、香草茶、手工皂等。

 創意教學源源不絕

這些創意教學，不僅孩子學得開心，影響力還外擴到社區。潮南國小所在的潮州鎮興美里並沒有特別的主題產業，所以發展品香草創課程軸時，校方有意朝向結合社區營造，透過孩子培力社區產業發展。於是潮南國小主動出擊，邀請社區家長與孩子共同學習，在外部老師的指導之下，善用校田種植的香草作物，學

習做天然保養品，例如：澳洲茶樹手工皂、左手香防蚊膏等。這個計劃已持續兩年，如今潮南國小不僅成功在社區培力出兩位種子老師，具有獨立設計保養品配方的專業，天然保養品的產量也足夠全校自給自足，甚至進一步朝社區伴手禮的方向努力。

透過學校影響社區，而社區也反饋學校。手工皂商品延伸了訓練孩子在口語表達、行銷體驗等方面的能力，六年級孩子從種植香草、製作手工皂，到市集銷售，一步步實作，最後還達成自籌畢業旅行經費的目標，實在難得！

經過不斷吸收與內化，潮南國小逐漸演化出屬於自己的一套神農教案，尤其是學校兩位理念老師觀察到校園時常出現許多鳥類，經過探索，發現學校因為臨近魚塭，擁有豐富的水鳥生態資源，於是自行發展出獨特的「鳥類課」，帶領孩子從看樹找鳥、聽音辨鳥，到成為賞鳥達人，用極為趣味的方式帶領孩子認識家鄉生態。

從摸索到領悟，潮南國小的老師更加深用「孩子的視角」發展課程、建構教學系統的決心。他們彙整了歷屆孩子的學習成

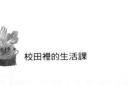

果，以孩子親自繪寫的圖文內容來編輯教材。「孩子的想像力很豐富，常常打破大人習以為常的思考方式，只要懂得把他們發散式的言語收斂，在他們身上也可以學習到不同的教學方法。」林秀玲校長翻著資料夾，期待裡頭一頁一頁的內容被裝訂成未來的新課本。

「用孩子累積的知識當課程，上起課來一定會更有溫度吧！」她滿懷期待。

Part 3

〔反思篇〕

向校田學品格

校田裡的生活課

一堂大自然
裡的生命課!

　　還記得在國小某個階段,都得養蠶寶寶的歲月嗎?為了觀察蠶的生態變化,先從文具行買來幼蠶養在鋪了桑葉的紙盒子裡,一路看著蠶寶寶漸漸長大、吐絲、結蛹、孵化、產卵……,但你還記得最後養成的那一大盒蠶寶寶怎麼了嗎?想必很多人在寫完該交的自然作業後,就把牠們丟掉了。

　　學校教自然知識,卻沒有教什麼是生命,以及該如何用正確的態度面對生命。在傳統的學校教育裡,這樣的例子不勝枚舉。神農計劃從一畝田出發,選擇不以速成的方法,而是用身在自然的立體課本,展開就地取材的環境教育、生命教育、品格教育。

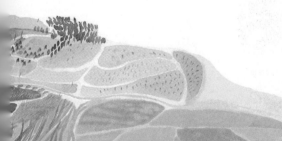

校田的每一項農事工序並非毫無意義的勞動，當中藏著細緻深刻且浪漫的寓意，都在引導著孩子去感受何為生命。當孩子看見蝴蝶的美，他就不會想殺死菜蟲，會懂得用另一種態度面對生命，進而啟發出保有兩者的智慧。

 從農事工序啟蒙環境之愛

校田裡的教育是一種「繞路」哲學，每一哩走得越慢，感受得越多，體悟也就越深。農事工序不只是勞動，也是一種內在心靈的學習，經過教育者適時的引導，正是品德教育的最佳題材。

參與神農計劃的每所小學，在每學期初，第一步就是「開田」，而開田的農事工序當中，最重要的動作叫「覆草」，也就是孩子必須要在犁耙翻土過的田地鋪上稻草，利用大地萬物轉換能量的能力，讓稻草腐爛分解成為土壤需要的養分。土地如同人類，不可能無止盡地勞作，覆草就像幫田蓋棉被，讓田可以好好睡一覺，養足了能量再耕再作，避免「過勞」。

校田學習中，最普遍遇到氣候災害問題，突如其來的寒害、

暴雨、缺水等，常常使校田作物全軍覆沒。在某一年，許多學校試種的高麗菜即將收成，卻因為寒害使得大量葉片凍傷，當孩子看到前一天還生機盎然的校田，一下子卻成了如同在冷凍庫冰了好久的「霜降蔬菜」，切身感受到大自然的劇烈變化，那正是一門最真實的「環保課」──當人類不懂愛護地球時，大自然反撲的力量，最終連人類也不能倖免。

當極端氣候降臨時，第一線受害的農夫，不正可能是自己的父母親戚或街坊鄰居嗎？從一塊小校田的危機，放大聯想到自家的農田，這些孩子切身感受到電視新聞播報的農業損失，原來就發生在自己身邊！對於環境的愛護之心，對於父母的體諒之心，就在這刻產生了。

 ## 從同理心培植生命之愛

小學階段的孩子與生俱來擁有對大自然的好奇心，特別展現在對於昆蟲與動物的熱愛上。而不灑農藥除蟲的校田就像一大座「昆蟲箱」，孩子可以走進這座昆蟲箱，自由觀察作物上一隻隻

活生生的昆蟲。

在昆蟲觀察課上，昆蟲老師教導孩子正確尊重生命的方法，在說完「謝謝昆蟲讓我們觀察」之後，把昆蟲放生回原地，讓牠回到自己的家。當好奇心被正確引導，調皮的孩子也漸漸改變行為，不再把昆蟲當玩具，而是另一個生命，懂得對自然萬物溫柔以待。

因為學會尊重不同的生命，當學習到田間管理的課程，了解想要收成就必須除蟲時，不少孩子對於「抓蟲」感到很為難，更遑論要捏死菜蟲了。面對「蟲」的課題，曾有孩子選擇把蟲放生，但不久後發現蟲又爬回校田，不是好方法，於是屏東縣潮南國小的孩子靈機一動，決定把抓到的菜蟲「養」在飼養箱，用菜蟲取代買來的蠶寶寶或雞母蟲，不僅不用花錢買，更可照樣觀察昆蟲從幼蟲孵育成粉蝶的過程，那不就學會了「以認養代替購買」的精神嗎？

從昆蟲課延伸到生命教育，孩子們真正地開始去思考，人與自然如何共存、怎麼平衡。當人類為了求得作物有好收成，認為

必須要除菜蟲時，其實有另一種得以兩全的智慧。看著孩子在太陽底下穿梭田間，說出「拔草好好玩」或「抓蟲好好玩」時，一旁的大人瞬間領悟：別以為小孩年紀小就沒有力量改變世界，其實他們懂得用另一種態度面對生命。

當孩子選擇了與自然共處，他就不會去拋棄生命、糟蹋環境，這個小小的意念持續茁壯，在十年、二十年後，地球的未來就更讓人期待。

從失敗磨練耐挫的自信心

俗話常說：「一分耕耘，一分收穫。」但校田栽種，辛勞付出後往往沒有美滿的收成，而是一次又一次的失敗。無論是苗栗縣文峰國小發生數百株洛神花枯死到只剩一株，中興國小發生稻穗枯萎、沒有米粒的「空包彈稻米」，或五湖國小發生蟲把高麗菜啃得像蕾絲的「蟲啃高麗菜」……，種種出乎意料的事件不只讓孩子理解到「鋤禾日當午」的辛苦，更重要是進一步孕育「如何把失敗轉化為解決問題的自信」，而這正是十二年國教所要積

極推動的素養教育。

一直以來，以測驗成績評量成就的教育現場，存在太多對孩子的否定，以及否定帶給孩子的負面情緒。雖然人生路上不可能一路順遂，否定是必然存在的生命小石頭，但藉由校田教育，孩子可以學會遭遇否定時，選擇用正面的態度去面對，持續研究探討直到找出答案，而非陷入沮喪氣餒的情緒。例如，文峰國小的孩子在尋找「為什麼洛神花大量枯死」的過程，獲取了更多植物病理研究的知識，他們學習解決問題的同時，把眼光放得更廣，更能以平常心面對，而不被一次小小的失敗困住。

甚至，學校裡的特殊生或弱勢生，原本因為課業學習落後缺乏自信心，卻因為校田重新發現自己的價值：原來我很會種菜、原來我很會抓蟲、原來我很會煮飯……。或許只是大人一句不經意的誇獎，卻可能成為點亮孩子人生的金句。當孩子在校田的課程中終於有了表現機會，「彷彿整個人都活了起來！」校田教育現場的老師們分享最深的感觸。

自我的孩子在校田裡看見不同的生命型態、好動的孩子在校

田自在伸展肢體、好奇的孩子在校田裡展開大探險、沒自信的孩子在校田裡成長⋯⋯，校田除了作為立體課本，帶給孩子跨領域學習的知識外，更引領孩子的心靈閃閃發光，成為更好的自己。

搬開八個
小石頭的智慧

迄今，在台灣好基金會與十四所小學共同操作神農計劃的七年期間，從零到有，克服了種種困難，無論大人或小孩，都從中學習到在遭遇各種瓶頸時，應該想辦法搬開阻礙發展的「小石頭」，鍛鍊心智韌性，才能匯聚成翻轉教育的能量。

●●● 第一個小石頭是挫折。

種作失敗是學校在參與校田計劃時，很容易遭遇的挑戰。當孩子眼中閃閃發亮，滿懷期待校田豐收，最後卻事與願違，那該

怎麼辦？其實，種作失敗的校田不是得零分的考卷，而是讓孩子寫出問題、尋找答案的另一張空白試卷，開啟另一段學習旅程。

面對欠收與病蟲害問題，老師可以帶領著小朋友堅持友善農法的初衷、不用化肥噴藥求速效的方法，因為速效的方法不愛護環境，也阻斷孩子向土地學習的機會。師生應一起尋找土地專家組成顧問團，找出解決問題的方法。嘗試後也許又有新挫折，但每一次的失敗，都能帶來新的成長。從第一次的嘗試力，第二次的耐挫力，到第三次的失敗學，孩子一次一次學習更多，也學會面對失敗的正確態度。

●●● 第二個小石頭是惰性。

人常常習慣待在舒適圈，一再選擇簡單易種的作物，長久下來容易使孩子失去學習的興趣。大自然充滿許多不可控因素，每種作物的照顧法也都不同，選擇輪作的校田作物，可以讓孩子有更多元的學習，一次一次提升挑戰的難度，不僅藉機培養孩子的耐性與勤勞，也讓他們學習到生命並非一體適用的道理。

●●● 第三個小石頭是比較心。

　　各班級種植的情況不同，孩子彼此可能產生競爭心理，這時老師必須適度引導孩子了解「想怎麼收穫，就該怎麼栽」的道理，回過頭來想想自己是否勤奮付出？同時也要讓孩子了解，比競爭還重要的是，每個人在種植過程中獲得哪些成長與體會。

　　例如，有學校的校田作物是蘿蔔，要拔蘿蔔收成時，只見多數孩子都會搶著拔葉子長得漂亮的蘿蔔，結果一拔出來，反而蘿蔔很小，這時老師說明表面上的漂亮並不代表內在也很豐富的道理，就會刺激孩子明白了當下之爭所得到的，不見得就如預期。

●●● 第四個小石頭是得意忘形。

　　常見師生因為一次的大豐收，太過心滿意足而不願輪作，想繼續栽種相同作物，卻忽略了要輪作才能讓土地休養生息。結果繼續選擇耕種相同作物後，可能面臨收成一次不如一次，或是爆發作物大規模生病的憾事。藉由這樣的經驗可以告訴孩子勿滿足於成功，應該要保有挑戰新事物的熱情。

●●● 第五個小石頭是過度保護。

　　家長因為擔心孩子受傷，常有過度保護的現象，而老師為了課堂管理方便，也常會排斥孩子到戶外活動，這些無形中都會阻斷了孩子的學習動力。其實家長與老師都要學著放開心胸，讓孩子自己動手實作，培養各種生活能力，並站在孩子的立場去思考，在需要時才予以協助。

●●● 第六個小石頭是傳統束縛。

　　老師們剛開始接觸到新的教學模式，出於對過往經驗的壓力，或是對於孩子自主性的質疑，往往會不信任新模式的教學成效。為了使老師更有信心操作新課程，學校要盡可能尋求在地企業或社區資源援助，讓教育現場第一線的老師們可以放開心胸，更有勇氣嘗試。

●●● 第七個小石頭是社區舊觀念的阻力。

　　一旦學校走出去，與社區緊密互動，一個點連結成面，自然形成教育網。但另一方面，學校也可能會遇到社區介入校田的現

象，尤其是對於友善農法、有機農法的質疑或排斥。這時，學校應該用軟性的態度闡述教育理念，甚至透過孩子把理念帶回家分享，慢慢扭轉氣氛。

●●● 第八個小石頭是無法照料校田。

校田操作可能面臨校田面積大、蟲害大舉侵襲、校園人力不足，以及農忙期間可能打亂課程等問題，這時必須回頭檢討農事支援系統是否完備，針對問題採用有效設施，例如安裝灑水系統、生物防治資材、選種好照料的野放作物等；若能動員家長、行政人員、地主農夫成為校田守護者，則是更棒的解決方法。

無論是校田或是人生，時常都存在著許多小石頭，它們既是障礙也是挑戰，更是用來看清自我缺點的一面鏡子。人生的無常，就像大自然不可能永遠晴空萬里，不時會有風雨。農夫面對風雨，就要想辦法應對，而不是坐等農損。當孩子懂了「農夫精神」的真諦，學習用智慧、勇氣與不餒的心去面對挫敗，小石頭就能做為基石，一步一步向上，看見美麗的一片天。

校田裡的生活課

神農計劃
贊助企業的
— 迴響 —

培養知識與文化的沃土
在故鄉結出豐美果實

聯發科技教育基金會董事 / 張垂弘

　　2016年末，聯發科技董事長蔡明介放下繁忙的公務回到台灣最南端的故鄉——屏東南州鄉，在小學生們「學長好！學長好！」的簇擁聲中，於母校南州國小的校田中，和學弟妹們一起親手種下一株株青菜的幼苗，這是聯發科技教育基金會與台灣好基金會合作推動大潮・南計劃的起點，也是神農計劃與屏東的孩子們共同耕耘的沃土。

　　聯發科技重視人才培育與在地實踐，「大潮・南扎根計畫」就是回應故鄉的呼喚，為家鄉扎根科普與人文教育的實踐。在國境之南的成長經驗，使蔡董事長對屏東充滿關懷，多年來已陸續投入1.3億元，長期關心在地孩子並幫助屏東的教育及文化發展。

蔡董事長感念同為屏東人的台灣好基金會柯董事長回饋家鄉的計劃，共同在屏東地區合作推動為期四年的「大潮・南扎根計畫」，其中的「神農計劃@潮・南」在潮州、南州認養潮州鎮潮東國小、潮南國小、四林國小與南州鄉南州國小，期望在偏鄉建構科普教育與環境教育的跨域學習場域。四年來，四校所開闢出的「校田」結合科普與生態教育，成為孩子們最精彩的「翻轉教室」，從生態觀察、食農教育到創造力啟發，學習不再拘泥於教室中；校田也成為串連學校、老師、社區、家長的橋梁，更觸發師資增能的動力，將更多科普資源帶入偏鄉。

　　在11月的冬陽裡，看著孩子們在校田與操場上穿梭，開心地拿著筆記本與平板電腦進行「抓寶」競賽，興奮地向老師展示在農作物上找到的觀察與驚喜，然後轉身奔向另一個發現，彷彿看到一群小小科學家正經歷著鼓舞人心的啟蒙，這是計劃最初沒有意想到的成果，最終在屏東的孩子們身上結出豐美的果實。

在文化底蘊
深耕的一種幸福教育

1881TPWS台灣職業女性聯誼會會長 / 楊彬君

　　1881TPWS是由北漂上海的台灣職業女性組成，社群的宗旨為專業學習與心靈成長的交流平台。2016年台灣好基金會受邀到1881TPWS演講，李應平執行長的演說當場感動了許多社群成員，我們不只是認同台灣好基金會的理念，更在多次回台了解神農計劃後，終於在2016年的下半年開始加入神農計劃的贊助單位行列，認養了位在苗栗縣的坪頂國小，並於認養期間多次實地參訪與學習。

　　抱持著「集結小力量、成就大事情」的信念，1881TPWS十七年來一直持續進行社會回饋工作，例如在每年歲末舉辦慈善募款活動，把盈餘捐助給需要的弱勢團體。為了感念故鄉台灣的生養撫育，1881TPWS也曾捐款給助學組織，卻特別發現台灣好基金會的神農計劃很與眾不同。

1881TPWS之所以認同神農計劃，主要是因為神農計劃有著非常棒的內在價值，不只是扶貧與助學而已，更是深耕文化底蘊。神農計劃從「校田就是教室」的角度切入，鼓勵土地認同與友善環境，提出拓展孩子視野與幫助身心發展，形成一個很特別的教育模式。在神農計劃裡，1881TPWS看見了台灣好基金會的認真深耕，以及孩子們在校田裡的快樂學習，不禁油然生起「童年如果可以這樣該多好」的無比欣羨。

　　1881TPWS秉持著有能力也可以為台灣做點事情，集結小力量成就大事，捐贈了200萬元，投入神農計劃第一期的三年計劃。儘管這不是天大的鉅額，但每一筆都是來自姐妹們最誠摯的支持。當2017年坪頂國小的楊毅立主任帶著孩子們的作品來上海與我們分享，讓我們喝到用校田收穫的紫蘇曬乾後製成茶包所沖泡的茶飲，不僅氣味無比芳香，也讓人實際感受到在美好氛圍下薰陶的教育現場，是多麼地令人驚豔！

　　看著孩子們的成就，在慈善義賣第一天的短短時間就秒殺賣光，1881TPWS對神農計劃下長大的幸福小孩，抱著無比的期待與信心。未來，他們能給予土地和家鄉帶來什麼，我想那是非常值得拭目以待的一件事。

不只是教育，
而是創造美的對照組

信邦電子（SINBON Electronics）策略市場處處長 / 黃立理

　　猶記得，第一次參加苗栗縣興隆國小的「覆草」活動，正值企業舉辦尾牙期間，自歐美來台的高階主管與夥伴們，也被號召加入神農計劃的行列。在那場活動裡，大人們被孩子的純真感染，每個人都笑得像孩子一樣！印象深刻，有位才加入公司一年，來自歐洲的夥伴告訴我，他總是覺得信邦電子跟其他企業不同，在看到大家都熱情投入在非公司經營的相關活動時，他忽然找到了答案。

　　在贊助興隆國小的神農計劃，我很意外看到公司文化的展現，得到很不可思議的回饋。儘管，每家企業對於CSR（企業社會責任）的觀點不同，可是對信邦電子來說，那已形成極為重要

的企業文化。就像王紹新董事長常掛在嘴上的一句話，「自己好，也讓別人也變得更好。」取之於社會，用之於社會，應是一家企業自然而然，發自內心展開的行動。當企業把助人當成習慣，也影響員工的做事邏輯，那正面影響力也表現在工作上，形成正向的循環。

其實，信邦電子與苗栗有著緊密連結。創辦人王紹新是苗栗子弟，在苗栗的工廠也擁有不少在地員工，向來積極投入助學回饋工作，彷彿很久以前就種下與神農計劃的緣分。如同信邦電子形塑企業文化，神農計劃也在種下教育觀念，讓孩子看到真正世界的美好一面，成為他們長大後創建家鄉環境的基礎。也就是說，神農計劃是在創造「美好的對照組」。

我常從推動有機飲食的朋友口中聽到，很多年輕人對於「有機」兩字是無感的。但深入探討之後才發現，那並非是他們不關心，而是本身從未體會過，以致沒有辨識的基礎。當孩子真實品嘗土地孕育的美好，帶著這份土地的禮物一起長大，將來又怎會成為一個「無感」的人呢？

國家圖書館出版品預行編目（CIP）資料

校田裡的生活課：直擊108課綱第一現場，種菜玩出
學習力×創造力×品格力 /
李佳芳著. --第一版. -- 臺北市：天下雜誌，2020.10
216；17×23. -- （美好生活；20）
ISBN 978-986-398-539-6（平裝）
1.生活教育　　2.中等教育
524.35　　109003576

美好生活 020

校田裡的生活課

直擊108課綱第一現場，種菜玩出學習力×創造力×品格力

作　　者／李佳芳
責任編輯／黃惠鈴、何靜芬
特約合作企劃編輯／台灣好基金會 李應平、賴姿妙、莊雁婷
封面設計、內頁排版／比比司設計工作室
封面插畫、內文插畫／陳怡如

發 行 人／殷允芃
出版部總編輯／吳韻儀
出 版 者／天下雜誌股份有限公司
地　　址／台北市 104 南京東路二段 139 號 11 樓
讀者服務／（02）2662-0332　　　傳真／（02）2662-6048
天下雜誌GROUP網址／www.cw.com.tw
劃撥帳號／01895001天下雜誌股份有限公司
法律顧問／台英國際商務法律事務所‧羅明通律師
製版印刷裝訂／中原造像股份有限公司
總 經 銷／大和圖書有限公司 電話／（02）8990-2588
出版日期／2020 年 10月21日第一版第一次印行
　　　　　2021 年 1 月 7 日第一版第二次印行
定　　價／350元

書號：BCCN0020P
ISBN：978-986-398-539-6

天下網路書店 shop.cwbook.com.tw
天下雜誌出版部落格－我讀網 books.cw.com.tw
天下讀者俱樂部 Facebook www.facebook.com/cwbookclub

本書如有缺頁、破損、裝訂錯誤，請寄回本公司調換

天下雜誌
觀念領先